立人天地

脩養館

我在故我思

孙伟平 著

黑龙江出版集团
黑龙江教育出版社

图书在版编目（CIP）数据

我在故我思 / 孙伟平著. -- 哈尔滨：
黑龙江教育出版社，2015. 7
ISBN 978-7-5316-8435-0

Ⅰ. ①我… Ⅱ. ①孙… Ⅲ. ①人生哲学—通俗读物
Ⅳ. ①B821-49

中国版本图书馆CIP数据核字(2015)第189639号

我在故我思
WOZAI GU WOSI

作　　者	孙伟平
责任编辑	宋舒白 李绍楠
装帧设计	吴光前
责任校对	张鸣
营销推广	李珊慧

出版发行	黑龙江教育出版社（哈尔滨市南岗区花园街158号）
印　　刷	北京鹏润伟业印刷有限公司
新浪微博	http://weibo.com/longjiaoshe
公众微信	heilongjiangjiaoyu
天 猫 店	https://hljjycbsts.tmall.com
E-mail	heilongjiangjiaoyu@126.com
电　　话	010—64187564

开　　本	787 × 1092　1/32
印　　张	8.75
字　　数	208千
版　　次	2016年1月第1版　2016年1月第1次印刷
书　　号	ISBN 978-7-5316-8435-0
定　　价	38.00元

边走边想（代序言）

学者的本分，是思想。

在一定意义上，一位学者的人生经历，就是他的思想。当然，这里所说的经历是广义的，或许，可以包括阅读体验，包括思想试验，包括符号交往，包括虚拟实践，等等。古人说，“读万卷书，行万里路”。读书，行路，都可以算是学者的人生经历：读书获得的是间接经验，而行路收获的是直接经验。

学者这一职业本身，学者肩负的职责或使命，注定了其人生有别于他人，注定了其基本的生存状态——“边走边想”。

一位停止了思想的学者，已经不再是真正的学者。当然，学者们为何想，想什么，如何想，还是挺有讲究的。思想的效果也会因人而异、千姿百态、各不相同。那些具有实质性意义的“思想”，绝不会只是幻想、空想和瞎想，绝不会只是“为赋新词强说愁”，绝不会只是“无病无痛”的呻吟，而应该“接地气”、有所指、见实效，应该“想人之所未想”，“见人之所未见”，能够与自己生活的这个世界深刻“互动”，通过先进的理念和创新性思想而不断地“改变世界”。

迄今为止，我的生命历程一直局限于学校和研究机构，终日与书本和形形色色的学者为伍。这自然是一种“奢侈”的经历，但同时又显得过于苍白，读书、思考和写作，几乎就是全部的人生。这种“简略”的经历，注定了一生难免孤独，难免寂寞，难免平淡无奇，与轰轰烈烈、惊天动地、万众瞩目没有什么关系。然而，从湘西北那个偏僻、落后的小山村走出来，挤进北京这种气势恢宏、具有领袖气质的大都市，并不惧高昂的生活成本顽强地扎下根来，我知道自己所有的付出和坚持是为了什么。那些苦苦挣扎的日子里，曾经遭受的嘲笑和委屈，曾经体会的落寞和无助，曾经盈胸的不平和愤懑，都像是生活赐予我的“礼物”，让我品尝了苦涩的挫败感。那种挫败感曾经长时间地萦绕心间，压得我几乎喘不过气来。多年来，每当我感到落寞和无奈、委屈和愤懑时，是这样一个信念支撑着我：不悲观，不放弃，无论遇到什么困难，决不允许自己被打倒！今天，虽然我从没有停止过战斗，虽然依然被湮没在这个喧闹、繁华的大都市里，但是，我仍然坚守着自己的梦想，呵护着心中的信念，我仍然满怀希望，绝不轻言放弃！

我的父母都是没有见过什么世面、小心谨慎本分极了的农民。他们不惧生活的困顿和身体的疾病，满怀欣喜地将我带到这个世界。在经济拮据、食难果腹的艰难日子里，他们生动地诠释了中国农民的勤俭与坚韧，竭尽所能、含辛茹苦地抚养我长大，并给予我无尽的爱。他们虽然卑微，逆来顺受，但对于自己的孩子却始终充满希望，希望我能够“争气”，光宗耀祖。不过，他们心目中的“争气”具有浓郁的“江南农村特色”，并不野心勃勃，好高骛远，因而我并没有感到那种沉重的抱负带来的压力。他们只是憧憬着，我能够走得平平稳稳，千万别摔了跟头，能够将自己的小日子过好。比如，能够过上丰衣足食、“老婆孩子热炕头”的生活，似乎就非常不错了。

问题在于，“人生忧患识字始”。我自从认识了几个字，就开始有“思”有“想”，不再情愿重复父母单纯，甚至有些苍白的人生轨迹，后来，更是不断地自我膨胀，越来越不“安分守己”。随着年龄的增长，特别是求学经历的变化，我那因为“狠斗私字一闪念”而深藏心底的愿望逐渐变得清晰起来。我越来越强烈地希望，上苍赐给我的这唯一、有限的生命，能够富有价值、富有意义。我凭借多年接受的教育，结合自身的实际，给自己设定了一个基本的目标：不断丰富自己的阅历，开发自己的潜能，令自己的生命变得丰满，同时，最好能够“有一点儿用”，为社会、为民族、为国家做点儿什么事情。于是，我没有学会深思熟虑，没有认真征求他人的意见，也不太顾忌别人怎么看，就匆匆忙忙、风雨兼程地上路了。

作为一位不太“守规矩”的学者，迄今为止，我还没有学会如何给自己“定位”。从学科或专业的角度说，我根本不是“标配”，完全不属于“正统”。假如，仍然允许我居于学者行列的话，那么，我大约也只能算是一个“另类”。上大学之前，我的理想与很多孩子一样，希望做一名受人尊重的科学家，至少是做实事的专业人士。高考尘埃落定，阴差阳错，我成了一名“政治”专业的师范生。这是父母颇不愿意、我自己也万万没有想到的，“政治”甚至是我最想回避的一个专业。自以为愚笨，缺乏把握“政治方向”的敏感和能力，故而我在苦闷、彷徨之余，毅然选择了攻读没有阶级性的逻辑学专业的硕士学位。硕士毕业后，不料生不逢时，找份工作变得异乎寻常的困难。迫于家境，迫于生计，又成了大学的政治公共课教师。我在彷徨中观望了许久，仍然不甘心就此沉沦，于是想方设法争取报考博士研究生，力图改变自己的命运。几经周折，居然戏剧性地结缘“价值论”，成了国内第一位以“价值论研究”为方向的博士研究生。新兴的“价值论”令我莫名地亢奋，它也确实打开了我的视野，改变了我的哲学观，重塑了我的知识结构和思维方式。依凭价值论的理论和方法，我的研究领域得以逐渐拓展，价值论、伦理学、文化理论，以及元哲学、马克思主义哲学（特别是历史观）……都成了我的研究领域。后来，在朋友们的影响下，我“发现”了神奇的互联网，于是迫不及待、奋不顾身地“落网”，成了中国最早一批研究互联网与信息社会的人文社科学者。再后来，以我主持的中国社会科学院社会发展研究中心为依托，我的“路子”就更“野”了，触角伸向了生态城市、文化建设以及农村生态文明基地（依托杜仲产业的综合开发）建设……甚至，我还不甘寂寞，主动或被动地“双肩挑”，干起了青年、行政、党务之类的工作……

我对一辈子专心研究一个小问题的“专家”充满了敬意，对他们锲而不舍的“钻井精神”由衷地感佩。因为，他们最有可能真正理解、彻底解决这一问题。如果这样的学者足够多，集腋成裘，聚沙成塔，功莫大焉。至少，学术的基础将被大大地夯实，一个个问题能够得到切实的解决。不过，我却是一个有“野心”的学者：视野“野”，领域“野”，方法“野”，结论也“野”。我不喜欢自我束缚，更不愿意被束缚，只是“紧咬”一个领域、一个问题。我个人觉得，学术生命应该是鲜活而开放的，应该经历许多不同的尝试，应该将所有的潜能尽可能地释放出来。我希望，能够尽可能地丰富自己的研究经历，激发自己的思想。我甚至觉得，这样可以相互借鉴，相互促进，将不同领域的问题贯通起来。也正因为如此，今天，若有人问我的专业，我还真不知道该如何回答，更有可能在惭愧之余，不得不老老实实地承认，我只不过是一位兴趣广泛的“游击战士”。

不过，我也不想妄自菲薄，过于刻薄地看待自己。我想发自内心地承认，虽然常常身不由己，虽然常常四处出击，虽然常常力不从心，但是，对于自己所热爱的职业，我始终怀着一颗敬畏、渴慕之心，几十年来，一直在披星戴月，日夜兼程。记不清从什么时候开始，我的生活中已经没有了周末，没有了节假日。一个个法定的休息日，都成了难得的“整块时间”，可以稍稍用来系统地思考和写作。对此，一个字一个字“码”出来的几十本书、数百篇论文，可以作证。——当然，这些“东东”是否立得住，是否有价值，是否是“无用功”，那就不是我可以评价的了。我无论如何“谦虚”，无论如何“客观”，都当不得真，算不得数。如果有睿智的读者诸君感兴趣，请大略地翻一翻，尽管畅所欲言地“批判”好了。

展望未来，我觉得自己犹如离弦之箭，已经欲罢不能。我早已行进“在路上”，我还想做许许多多的事情。而且，这些事情越是认真地去做，头绪越是“剪不断，理还乱”，同时，自己心中的想法也越来越多，越来越杂。面对时代的变迁、社会的转型，面对一大堆高深的专业性问题，具有浓厚游击习气的我，虽然莫名地亢奋，但似乎已经“失控”，实在难以理清思绪，只能利用有限的时间，草草地应付那些我不得不解决的问题。实际上，我觉得，当今有一个领域最值得投入时间和精力：中国史无前例的现代化探索——全球化背景下同步展开的新型工业化、城镇化、信息化——已经拉开了大幕；中国本就有自己厚重的文化传统，又坚持共产主义理想和中国特色社会主义道路，并正在向一种新型文明——“生态文明”转向；这一切，令古老的中国在世界上显得十分“另类”，尚没有什么理论、没有什么人能够说得清楚。在我的眼里，神州大地几乎就是一个气势恢宏的“试验场”，“一切皆有可能”。咀嚼过去，“摸着石头过河”的试验大胆而新颖，已经取得的成就举世公认，万众瞩目。而迈入新的时代，进入新的发展阶段，中国面临的挑战和问题也层出不穷，数不胜数。问题就是机遇，问题就是“命令”！以中国前无古人、开创性的大胆试验为基础，我想，完全有可能提炼出一种新颖的“中国理论”，并形成一个独特的“中国学派”，从而为人类社会的发展，为世界文明的转型，开辟出一条崭新的道路。而作为一位中国学者，置身其中，感同身受，我认为，理应对此心潮澎湃、热血沸腾，理应勇敢地投入进去，善于用自己的智慧和行动，为这一伟大的探索事业添砖加瓦，竭尽所能。

2015年春节

目录

下篇　人生与幸福

上　篇

人是教育的产物。可当教育迷失了方向，在折腾中寻找规律时，等不起的你，最好学会自己教育自己，用心探索那条适合你自己的路，且行且珍惜。

“我”是怎样炼成的?

教育，是一种培养人、塑造人的神圣事业。教育，也是一个人成长、“成人”的重要途径。只要不是脱离社会的“狼孩儿”“猪孩儿”，任何人都可以说是教育的“产物”。

可是，教育虽然司空见惯，却绝不简单，是一门高深的“大学问”。谁才有资格教育人？根据什么理念和原则实施教育？将什么作为教育内容？用什么方法进行教育？教育是否应该分阶段，是否有终点？谁来评价、管理和教育“教育者”？诸如此类的大问题，从来就众说纷纭，莫衷一是，没有所谓的“标准答案”。自古以来，中国的教育在世界上就是独树一帜的，取得的成就令人津津乐道，而引发的争议也延续至今。新中国成立以来，社会主义中国的教育更是有其独特性，至于拨乱反正、改革开放前后的变化之巨大，难免令人产生翻天覆地的感慨，而其中的许多具体的“原创性”做法，堪称世界教育史上的奇葩！

我生于20世纪60年代中期，湘西北一个偏僻的小山村，虽然没有机会上幼儿园，但有幸经历了“农村版”充满革命气息、不断调整的初等教育，以及富有中国特色、不断改革“爬坡”的高等教育。从1973年春上小学，1978年秋上初中，1981年秋上高中，再到1983年进入大学本科，1987年考取硕士研究生，1993年成为博士研究生，过程基本完整，脉络基本清晰。虽然我的求学经历中没有惊心动魄的大事件，也没有什么组织或个人刻意地与我“过不去”，但系统地回顾、梳理我略显曲折的求学生涯，客观地回味、咀嚼一下当时的所思所想，或许也能管窥当代中国教育乃至中国社会的艰难发展历程，并给有心人提供一些反思、分析的素材。

民办小学

1973年春，我揣着5角钱的学费，背着母亲自制的布书包，“正式”上学堂了。为什么说是“正式”呢？这是因为，1972年春，我已年满6周岁，在年长我近70岁的小脚奶奶陪同下，曾经试着上过几天学。不过，那时的我性格内向，胆小怕生，从不敢独自待在陌生的环境中。奶奶大字不识一个，耳朵也比较背，耐心地陪着我上了两天学。一天课后，她起身要走，我也随即跑出了教室，不理会身后的老师苦口婆心的挽留，远远地跟在奶奶后面溜回了家。父母见状，一时哭笑不得，也有些无可奈何。当时，知识分子还是排在地、富、反、坏、右、叛徒、特务、“走资派”之后的“臭老九”，读书在农民们看来根本不知有什么用处，所以，父母也就顺水推舟，“大方”地应允，“那就再玩一年吧！”于是，我立马扔下书包，去找那些比我更小的伙伴们，稀里糊涂地又玩了一年泥巴。

在当时积贫积弱、百废待举的中国，农村教育着实“欠账”太多，远未走上正轨。与绝大多数农村孩子一样，当年我们就读的小学都是“土法上马”、不太正规的“民办小学”。当时我家居住地名唤常德县黄土店公社回龙桥大队，小学名叫“回龙小学”。毛泽东主席统帅的那个革命英雄主义年代，推崇“人多力量大”，狠批马寅初教授的人口论，没有实行计划生育，孩子多得不得了。别的地方我不知详情，仅仅我们第四生产队的情况就可见一斑：全队一共17户人家，一般的家庭生四五个，居然有两家生育了“八妹”“九弟”。每个大队都设有“民办小学”，有些甚至还有初中部，其盛况应该是空前的，估计也是绝后的。每逢上学的日子，简陋得连围墙也没有的学校里到处都是学生，拥挤不堪，嘈杂极了。当然，“少年不识愁滋味”的学生娃多了，嘻嘻哈哈、打打闹闹的，校园里也总是一片欢声笑语，即便是愁肠百结的人，待久了可能也会受到感染。

“民办小学”最为稀缺的，是受过专业训练的合格教师。由于当时取消了中考、高考，中高等教育陷入混乱与停滞状态，加之原有的一些教师被“打倒”，受过专业训练的“科班”教师实在太少了。在广袤而欠发达的农村地区，教师的需求量几乎是一个天文数字，基本只能靠“因地制宜”“土法上马”来解决。我们的小学教师基本都是土生土长的“民办教师”，不少还是“民办”的“代课教师”。教师的来源十分复杂，主要是一些上过初中或高中、多少有点儿文化或者与大队干部有点儿关系的农民。教师上岗无须取得“教师资格证”，也不必经过严格的审核程序，只要大队领导首肯了，一声令下，就可以堂而皇之地“传道授业解惑”。因为缺乏必要的“规矩”，“民办教师”换得太勤，教师上任像走马灯似的，有时刚刚熟悉了一位，转眼又换成了另一位。至今，我怎么也算不清曾经受过多少老师的谆谆教导，貌似好些亲戚、乡邻都正儿八经地教过我。

我生性胆小怕事，更怕一本正经、不苟言笑的老师。但老师常年换来换去，我越来越不适应了：昨天还在生产队“修理地球”的“泥腿子”，一眨眼之间，穿戴得干干净净，拿着课本一本正经地给我们现炒现卖了。我禁不住有些恍惚，面对这些老师，是应该“怕”好，还是“不怕”好？至于这些“代课老师”或“民办教师”真懂假懂，教学质量如何，反正学生们都糊涂着呢，根本无从判断。当然，在当时批判“白专”道路的形势下，完全没有教学质量的要求，也无须作什么评判，无须对师生进行考核。——今天，若见某个孩子的数学、英语等成绩一塌糊涂，常常会听到朋友们调侃：“是体育老师教的吧！”而当年的我们呢，千真万确是“农民工”教的，而且还是未经培训的“农民工”教的！

“民办小学”中最具“民办”特色的，当属司空见惯的简陋校舍，以及各式各样“流动的教室”。因为极度的贫穷，加之教育不受重视，农村小学的校舍是普遍的老大难问题。我们大队破旧的校舍一直不够用，除了经常办复式班（两个甚至多个年级挤在一个教室里，轮流听老师讲课），还曾常年到农民简陋的家里“打游击”。我家距离学校只有区区几百米，在盖新房子以前，有一间与邻居共有的厅堂。厅堂前后都没有装板壁，角落里也只放了少量杂物，空空荡荡的。平时，特别是雨雪天，这里便是我和邻居家孩子玩耍的好地方。将杂物挪走，厅堂变得更加敞亮，学校便经常借来做教室。那时农村没有幼儿园，我无所事事，只能待在自己家里玩儿。而厅堂借给学校做了教室，教学需要肃静的环境，所以我的活动空间和玩耍项目便大受限制，至少，不能任由我发脾气、大吵大闹了。我有些憋屈，又无处讲理。有时实在百无聊赖了，便静静地躲在某个角落里，似懂非懂地听老师讲课，听哥哥姐姐们读书，瞧哥哥姐姐们玩耍打闹。虽然说起来我也算是在读书声中成长的，但是，这种过早接受规矩教育的经历，或许也助长了我的内向与胆怯，特别是养成了“怕老师”“躲老师”的毛病。

我入学时，校舍是大队部的一所老旧的木结构房子。凑合着用了两年后，这栋唯一的校舍更是风雨飘摇、岌岌可危了。大队干部不敢冒险再拖下去，决定异地重建小学校。在那个艰难的岁月里，一个大队的财力十分有限，盖所新校舍是一个大工程，可不容易了。而且，审批、立项、筹款、选址、烧砖、烧瓦、打地基、搬建材、建房、粗装修、搬家……都需要时间。那时以“抓革命”为主业，办事效率极其低下，因而建校的时间不会短。但是，学生不能长时间放羊，需要找个地方做课堂。这时，我家已经新盖了房子——由于邻居家翻盖新房，拆除了公共的厅堂，我家的房子便没有完整模样了，于是不得不咬紧牙关、节衣缩食盖了新房。因为家里人多，新房子不算小，而且还有一间被我母亲收拾得比较整洁的堂屋。于是，在等待新校舍建成的漫长日子里，我们班三十多人就挤进了我的家，堂屋就成了我们班的课堂。我的爷爷奶奶早早为自己预备了“千年屋”（棺材），爷爷走后，奶奶的那口体积硕大的黑漆寿材赫然占据着堂屋一角。每天，老师就若无其事地站在棺材旁传道授业，孩子们则面向棺材正襟危坐，以一种“向死而生”的大无畏革命精神，“好好学习，天天向上”。

在自己家里上学，那可真是一种悠然、得意、奇妙的感觉。我有时想，老师算不算我请的家教？同学们算不算我的陪读？每一天，我都算是第一个到校，而且家即是校，校即是家。上学路上，风吹日晒、雨淋路滑、毒蛇野兽偷袭之类的问题，对我而言就可以不用顾忌了。清晨，我大可睡到同学们叽叽喳喳来上学，甚至听见上课铃响才悄悄溜进“教室”。一般都是在课间休息的时候，才踱进厨房，不慌不忙地吃早餐——农村的早饭时间本来就晚，以往的日子我怕迟到，常常因为早饭开得晚而急得抹眼泪，跟家里人发脾气。有时放学了，还可以淘气地巡视一遍“教室”，“检查”一下老师留在讲台里的作业本，或者“浏览”一下同学们的精彩作文。

特别是，因为我是“小主人”，老师和同学们似乎对我都多了份客气，我也乐得给大家提供点儿小帮助，例如为同学弄点儿水喝，雨天借个蓑衣、斗笠（农村的雨具）什么的，于是乎，内向的我感觉朋友越来越多了。至于学习任务，少得不值一提，这么多伙伴就像是来陪我玩儿似的，令我感觉像是置身“新式私塾”的时代。慢慢地，我有些盼着上学了，每逢星期天，呆望着空旷的堂屋、几排简陋的课桌，还感觉心里缺少了一点儿什么。想想班级搬到家里后自己心态的微妙变化，以及自己学习态度上的改变，我不由得感叹，人真是“环境的产物”。

小学的政治

我上小学时，正是“文革”如火如荼的时候，教育不仅不受重视，而且变得异乎寻常的意识形态化。高考早就被取消了，学生没有任何学习方面的压力。教育战线猛烈地批判“白专”道路，知识一点儿也不被尊重，甚至流行“知识越多越反动”的口号。而湖南作为毛泽东的家乡，革命的自觉性、坚定性更强，革命气氛尤为浓烈。在那个“政治挂帅”的“左倾”年代，不用说，我们的小学生活也未能免俗，同样具有强烈的革命色彩，洋溢着乐观的革命气息。不仅我们所学的课程充满着对毛主席和共产党的感恩和热爱，充斥着无比强烈的阶级仇、民族恨，而且，学校总是坚定地响应上级号召，组织花样繁多的以政治为中心的活动，誓将我们从小就培养成具有强烈革命意识的“共产主义事业接班人”。

在我稚嫩的记忆中，印象颇深的具有政治色彩的活动还真不少。

“忆苦思甜”：在战争年代，“忆苦思甜”曾经是卓有成效

忆苦思甜　　曾强梅 摄

的教育和动员手段。在“政治挂帅”的“左倾”时期，“忆苦思甜”仍然受到教育界的推崇，甚至成了学校教育的必修课。各地的“忆苦思甜”都大同小异，少不了参观精心布置的展览，让大家通过征集的实物和绘制的图片，了解旧社会地主、富农是如何欺压、盘剥贫雇农的；也少不了请苦大仇深的贫雇农（如贫协主席之类人物）痛说革命家史，让大家通过活生生的对比，深刻地感受生长在新社会的甜蜜和幸福。有时，我们大队或学校甚至会刻意准备些野菜，加些米糠，做成难以下咽的“忆苦饭”给学生们吃，试图让学生们增加感性认识。我的家乡湖南常德是“鱼米之乡”，野菜、米糠平时是用来喂猪的，偶尔尝一尝，确实令人“印象深刻”，因为实在咽不下去，我们在品尝难以下咽的“猪食”之余，无不在“灵魂深处”激发“革命”，受到刻骨铭心的教育：旧社会的穷人们原来如此可怜，生活得连猪狗都不如；如此恶贯满盈的社会，自然早就应该砸烂了！特别是，虽然我们也常年吃不饱，更吃不好，可是对比“万恶的旧社会”，生活真是“芝麻开花节节高”，日子天天过得“比蜜甜”！

“路队进行曲”：20世纪70年代的中国，有些人特别热衷于组织声势浩大的群众游行，紧跟形势进行政治宣传。革命年代的“政治”是没有年龄界限的，既然在残酷的战争年代“儿童团”尚可上阵杀敌，那么，我们这些“生在新社会、长在红旗下”的小学生们充当政治宣传员自然不在话下。除了全校组织的、贯穿多个生产队的政治大游行，每天放学回家，小学生们都要全校整队，以“路队”的方式沿途进行政治宣传。根据各个生产队的方位，每个生产队的学生们排成一列纵队，推举一个离校较远、品学兼优的学生领头，带领大家边行进边举拳高呼革命口号。老师严格规定，必须走到家门口方可离队。我家离学校只有区区几百米，往往跟着喊不了几句口号就可以堂而皇之地溜之大吉。但我和邻居家孩子觉得有趣，经常离队后，又赶紧往山顶上跑，躲在大树下观摩、评点山下同学们的“表演”。只见大家开始还算煞有介事，队伍整齐，口号响亮，到最后剩下没几个同学时，一个个就不好意思起来。有的同学远远瞧见家门就开溜了，大家不约而同地一哄而散，常常口号的下半句就咽回了肚子里。不过，如果是全校组织的大游行，或者在“支农”往返的路上，有肩负使命、不苟言笑的老师带队，那就谁都不能溜号了，一路走一路喊，不少同学的嗓子都喊哑了。

“毛泽东思想宣传队”：学校向来是政治运动，特别是宣传毛泽东思想的主阵地。除了大队和生产小队，学校也要组织文艺骨干常年排演各种政治色彩浓郁的文娱节目，歌唱伟大的祖国伟大的领袖伟大的党，宣传毛泽东思想和党的路线方针政策。大家不要小看这种文娱活动，在当年的精神饥渴中，社员和学生的各种演出可是农民们非常重要的精神食粮。那些文艺骨干有时会被请去逐个生产队巡演，我们也像今天的“追星族”一样，到处“赶场”。当然，歌唱祖国歌唱领袖歌唱党，宣传毛泽东思想应该是自发的群众性运动，因而讲究人人上阵，个个参与。按照学校的要求，所有学生都要以生产队为单位发动起来，排演各种革命节目，参加各种层次的“会演”（汇报演出）。我比较内向，胆小怕事，一向喜欢做观众，所以尽可能地逃避这类抛头露面的表演。可是，一个生产队的学生人数毕竟有限，有时无论如何都逃不掉，不得已时也不得不登场滥竽充数。迄今我仍然记得的是与生产队的三位高年级男同学一起排演过《红灯记》中的选段："临行喝妈一碗酒，浑身是胆雄赳赳……"至于真正上台表演过的，除了各种合唱节目，只记得那首《我是公社小社员》了。全校会演时，轮到我们上了，八位不同年级的男女同学分成两列，且歌且舞，且舞且歌。由于比画的主要是社员们平时干农活的动作，因而我们还算内行和熟练，效果也就马马虎虎说得过去。登台表演时，由于其他几位都比我年长，个子比我高，我硬着头皮顶在最前面，因而印象深刻极了。当时众目睽睽之下的紧张，心跳加速、面红耳赤、手心出汗与机械的表演，迄今依然历历在目。

"大字报"：当"大鸣、大放、大字报、大辩论"之风刮到我们这个偏僻的乡村小学时，高年级的同学响应号召，开始挥毫泼墨，直抒胸臆。看着高年级同学"潇洒"创作的大字报糊满了墙壁，又用绳索一排排吊挂在教室中迎风招展，心里真是充满了羡慕——虽然从来就不知道他们写了些啥，可能是因为我们当时识字不多，也可能是他们的字写得实在太潦草。直到有一天，居然有胆大的学生将大字报贴到了老师住宿的房间，贴到了蚊帐上，令尚存"师道尊严"的我们大为震惊，同时又感觉"好刺激""好痛快"！真的是"革命无罪""造反有理"啊！我们因为连毛笔字都不会写，自然没有资格去干这种反传统的"时髦"的"大事"。但一些调皮捣蛋、没少挨训的同学见老师可以这样子被“批判”，便跃跃欲试起来，私下神秘地嘀咕着、筹划着什么。终于，老师要给我们开“书法课”了，要求我们每天自备毛笔、墨水上学，学习写毛笔字。那时我们年纪尚小，不够稳当，书包和墨水瓶多是自制的，不太规范，因而一不小心就让书包里的墨水瓶漏了，墨水洒了。大多数同学的课本、作业本都被浸得黑乎乎的，难看死了。多少有些“遗憾”的是，我们的毛笔字还没有学会，广播里就传来了“四人帮”被逮捕的消息。紧接着，高考恢复了，教育重心转移了，我们的学习也慢慢走上了正轨，再也没有练笔、“抒怀”的机会了！

当然，在那个“以阶级斗争为纲”的年代，政治运动是轰轰烈烈、无孔不入的，我们在小学里经常忽视“以学为主”，经历自然比今天的小学生更加“丰富多彩”，“列席观摩”或“亲自参与”过的政治活动，也远远不只上面列举的几件事情。其实，最让人难忘、令尚且年幼的我们打心底里感到恐惧的，是召开全大队甚至全公社规模的各种批斗会、宣判会。那种旌旗招展、人山人海的大会，充斥着“少儿不宜”的血腥和暴力：在声震寰宇的革命口号声中，一群五大三粗的青壮年将“地、富、反、坏、右”、强盗、小偷、流氓、“破鞋”们五花大绑，或给他们头戴高帽，或给他们胸挂黑牌（罪名牌），充满阶级仇、民族恨地押上台来。然后，就是声嘶力竭的控诉，就是痛快淋漓的喝骂，就是变戏法般地捆绑，就是残酷血腥地殴打……当然，如果是公开的宣判会，还有义正词严、声色俱厉的宣判，以及宣判后令人胆战心惊的行刑。在那种“革”人“命”的严峻氛围中，目睹“地、富、反、坏、右”之类“牛鬼蛇神”的惨状，平时最淘气、最不听话的孩子们都会安安静静、老老实实的，一点儿也不敢调皮捣蛋，乱说乱动。我们家的成分（上中农）不算太好，政治运动中屡屡被边缘化，父母活得小心谨慎、战战兢兢，而那时的我身体瘦弱，天性敏感，胆小怕事，因而，每逢参加批斗会、宣判会的晚上，我总是浮想联翩，睡不安稳，甚至噩梦连连……

公开的日记

大致是小学三年级左右，应该学习写作文了。正在这时候，为响应毛主席的号召，全国掀起了声势浩大的学雷锋运动。在我们那样普通、偏僻的小山村，学雷锋运动也如火如荼地开展起来。或许是因为雷锋日记风靡一时的原因，我们的作文课主要是从写日记开始的。

雷锋精神包括十分丰富的内容，但依据我们老师的理解，以及我们作为小学生的实际情况，学习的内容偏重政治和道德教育。后来，学习活动越来越侧重于思想品德方面，要求孩子们多做“好人好事”，用实际行动“向雷锋同志看齐”。老师要求我们每周必须写一两篇日记，详细记录自己最近所做的“好人好事”，并定期交给老师批阅。老师认为写得不错的，还会作为“范文”公开点评，或者让同学自己上台与大家交流。——显然，在这个时候，日记已经不再具有私密性啦！或许是因为这样的经历，以至于后来我怎么也养不成写日记的习惯。我也想留下岁月的痕迹、青春的记忆，曾经买过不少日记本，多次尝试着写

学雷锋　　图片来源：http://www.997788.com/8948/search_144_20658762.html

一写，可是，过后翻开一看，满篇都是套话、空话和鹦鹉学舌的“官话”，乏味得很，甚至自己都羞于读下去。为什么会养成这样的坏习惯呢？我内心自省，大抵是因为我写日记的时候，心里从来都不踏实，总是觉得背后有双眼睛盯着我看似的。自己心里有“鬼”，难免下笔如有“绳”啊……

让人有些犯难的是，向雷锋同志学习，坚持一辈子做好人好事，哪怕是隔三岔五做好人好事，根本不是我们这种普通人能够办到的事儿。那时候，我们不过是些半大的孩子，自己的生活起居尚且需要家人照顾，不怎么懂事的还时不时给大人们添乱，哪里会有做好人好事的习惯呢？特别是，在我们那个偏僻、封闭的小山村，每天的生活圈子那么狭小，大家的生活轨迹都差不多，各家各户就那么点事儿，闭着眼睛都能猜出个八九不离十，哪里来那么多的好人好事啊？

可是，这既是学习任务，也是严肃的政治任务，根本没有什么讨价还价的余地。为了交差，我们只好努力地用心地寻找好事做：上学路上，一个个睁大双眼，看看有没有运气“拾金不昧”（即使是一分钱，也可以算数的，只是当年农民手头没钱，发现一分钱的概率也太低了）；见到老人、小孩跌到了，赶紧冲上前去，抢着扶起来（当今社会“老人摔倒了该不该扶”之类的“难题”，在当年可是完全不成问题的）；放学后，争先恐后为鳏寡孤独，特别是革命烈属抬桶水，洗洗碗，扫扫地，捡拾柴火；时刻保持警惕，看看能不能抓到搞破坏的“地、富、反、坏、右”（鼓励没有自我保护能力的孩子们上山灭火、下水救人、勇斗歹徒、不怕流血、不怕牺牲，是革命英雄主义年代流行的“光荣”）……

后来，实在找不到好事做了，身心也有些疲惫了，大家就放松了要求，挖空心思地动起了各种“歪脑筋”。同学们私下里互相“取经”，各种“多快好省”的鬼点子、“新花样”不断出台：有人将同学的铅笔或钢笔偷偷扔掉，再“偶然”看见“拾金不昧”；好朋友心照不宣地互相“帮忙”，互相提供机会成就一段“佳话”；更普遍的，则是发挥稚嫩的想象力，将莫须有的好事尽量编得不露痕迹……如此这般，“好人好事”已经完全变味了，不仅违背了倡导的初衷，甚至不啻说走向了反面。然而，我们响应上级号召，“贵在坚持”，一直在例行公事地做着、写着……我禁不住怀疑，当今社会严峻的道德失范和诚信危机，与当年“假大空”广泛流行是否也存在一定的关联？

我必须老老实实地坦白并忏悔：就在那段奉命写“雷锋体日记”的日子里，那支躺在草丛中闪闪发光的钢笔，就被我拾到过十多次，交还给了不同的主人；虽然我是沿山边小路上学的，但搀扶小朋友、老奶奶过“车水马龙”①的马路，于我几乎是家常便饭；野外见到臭烘烘的牛粪，我一点儿都不怕脏，毫不犹豫地用手捧起，扔进附近的农田里；至于帮年迈的张大爷、高奶奶砍柴担水、打扫卫生，更是我放学后的业余工作……

后来，我发现了一个“小秘密”，如此这般在日记本上做“好人好事”，负有审阅、训导之责的老师却睁一只眼闭一只眼，从不较真儿！或许，是因为那时流行做好事不留名，只说“这是我应该做的”，从而无法较真儿？我不知道。不过，我自己内向、胆小、敏感，做了如此这般的“好人好事”，嘴里虽然不声张，但上交了白纸黑字的日记本后，心里还是颇有些忐忑不安。我时不时地心里嘀咕，要是老师去实地一件一件地核查怎么

---

① 当年，在我们大队的简易公路上，农民们一个月也见不到几辆车，包括拖拉机。偶尔有辆车来，算是件新奇事儿，往往就会出现不少的人围观、评论。

办？要是老师批评我故意说谎怎么办？要是老师向我那家教极严的母亲告状（我曾经因为一句“国骂”就挨过母亲两个耳光）怎么办？要是因此开我的“批斗会”怎么办？……还好，一切都悄无声息地混过去了，一直都没有人追究我。我也渐渐习惯了需要说谎时就说谎，或者说，已经“成熟”“世故”了不少。

半工半读

在劳动人民成为国家的主人、“（体力）劳动光荣”的年代，（体力）劳动是生在农村的孩子们的“必修课”，“爱劳动”是孩子们必须具备的品格。在那个年代贫困的农村地区，一般而言，孩子们只要能够干活了，就没有多少闲着的时候了。在家里，除了做些扫地、烧火、洗碗、抬水之类力所能及的家务事外，使我记忆深刻的，是必须没完没了地“捡柴火”（收集枯枝树叶之类）、“打猪草”和帮着种菜。城里的孩子不一定明白，在农村的日常生活中，用于烧水做饭的柴火是绝对不能少的（否则，雨雪天你就等着吃生米生菜吧），喂养的猪每天都哼哼着要吃（没有钱买饲料，粮食更不用说，人都不够吃呢）。特别是，因为“斗私批修”“割资本主义尾巴”，所以家家户户的菜地都很少，不容许超额占用（生产队不时会组织人来丈量面积），因而种菜就是一件大事了。一年四季都必须精耕细作，收了一茬立即接着种下一茬，挖土、平整、育苗、起垄、移栽、施肥、浇水、除草、剪枝、收割、晾晒、留种……忙个不停。大凡农民都

大寨式的梯田　　曾强梅 摄

明白一个浅显的道理：如果谁敢糊弄土地，那就等着挨饿吧！

上学了呢？那时讲究“与工农群众相结合”，实行“半工半读”，即半天上课，半天劳动，外加不定期地到“广阔天地”“接受贫下中农的再教育”。如果按年计算，包括假期从事的劳动，劳动的时间就大大超过了读书的时间，有时甚至可以倍数计，干农活儿几乎成了“主修课”。“我是公社小社员”，确实是当年我们这些孩子的真实写照。由于那时的人们狭隘地认为“知识越多越反动”，因而学校也没有什么正式的考试，更没有什么家庭作业。小学生的书包倒是不沉，完全没有今天应试教育背景下的那些“烦恼”。

印象深刻的劳动，一是几乎每天都要带着劳动工具（如锄头、铁锹、砍刀、簸箕等）上学，至少用半天时间精心侍弄学校的一些山地（梯田）、水田，种植水稻、红薯和蔬菜，或者除草、打扫卫生，或者帮助学校“捡柴火”、捡榨油用的油茶果、采茶，以及完成各种各样的劳动任务。有些劳动的强度之大，可以说是孩子们难以承受之“重”。例如，我就赶上了抬砖搬瓦修建新的大队小学，以及义务帮助公社中学开山破石扩建操场。不说劳动之于孩子们的“超负荷”，光是那个人山人海、笑语欢声的劳动场面，就够令人激动、难忘的了……

二是响应上级“广积肥”的号召，没完没了地开展“拾野肥”竞赛。一般情况下，老师给每位同学规定一个基本定额，同时以班级和个人为单位，开展各种劳动竞赛。上午大致会上三四节课，中午放学后各自回家“拾野肥”，第二天早晨上学时提（担）到学校。清晨，老师早早就守在水田的粪池边，在班干部的协助下，逐一给学生带来的肥料过秤。我有些争强好胜，不仅“拾野肥”积极，而且，如果哪天的野肥拾得不够多，就偷偷将自己家里的猪粪、鸡粪装进粪筐，担到学校，换回来不少“拾野肥的积极分子”奖状。这么做的次数多了，当然逃不过家人的眼睛，特别是影响了“挣工分”（猪粪、鸡粪上交生产队可以折算工分），影响了自家的菜地施肥，家里人颇为不满，经常公开嘲笑我是“拾家肥的积极分子”。

三是时不时地整天“学农”“支农”“接受贫下中农的再教育”。在老师的带领下，全校几个年级的孩子们排着长长的路队，唱着革命歌曲，浩浩荡荡地开到某个生产队干农活。当然，这么多半大的孩子聚在一起，嘻嘻哈哈，打打闹闹，形式主义“磨洋工”的时候居多，实际上干不了多少活儿，甚至还会在嬉戏打闹中弄坏庄稼。每到那一天，负责接待的生产队除了派活儿的干部外，还需要派专人准备饭菜和开水，算下来成本并不低呢！我是那种经常“溜边儿”的学生，因而往往能够听到“觉悟不高”的朴实老农私下埋怨，骂我们“乱弹琴”“瞎折腾”。

四是经常放假，回到各自所在的生产队干农活儿。比较固定的假期有春插假、暑假“双抢”（抢收抢种水稻）、捡油茶果假、秋收假，等等。因为是回生产队和社员们一起干活，这类劳动是有报酬的，可以记工分。六岁至八岁，我能承担的活儿是放牛。如果牛被人牵去“用”的话，那就去割牛草，按市斤数折算工分。年满八岁后，开始下水田干农活儿，主要任务是除草、割稻和插秧。例如，暑假“双抢”时，与生产队的学生们一起，组成插秧队，更多的时候则是“单干”，按扯秧、插田的面积计算工分。

我在家里年纪最小，家人相对宠我多些，我做家务活儿的态度十分勉强，经常是能拖就拖，能赖就赖，因而也没少受嘲讽，

采茶　　王新文 摄

甚至挨骂。但在生产队的集体劳动中，我还是特别要面子的，从来不甘落后，挣的工分也是同龄人中较多的。暑假“双抢”，如果可以做定量的话，有些天我挣的工分可能比“用牛”（做牛工）拿平均工分的父亲还多。少年时期的超负荷劳动，培养了我还算坚韧、不惧体力劳动的习惯，特别是在艰苦环境中的抗打击能力和忍耐力。后来考上了大学，直至读研究生，每逢暑假，父亲总是翘首盼望我回家，帮助他“双抢”。我也是当地为数不多的跳出了“农门”，还每年都下田干农活儿的大学生。这为我在家乡赢得了“不忘本”之类的赞誉——其实，更多的时候是没有办法，或者说不忍心“啃老”，坐享其成。特别是后来分田到户了，就更是如此。我家分到的几亩责任田特别难“侍候”，它由十多丘山边水田组成，田比较小，又不规则，周边树木、杂草丛生，劳动量很大，产量却不高。而且，父亲只在新中国成立前插过田，当年插秧时的行间距动辄一尺多远；新中国成立后，父亲做的农活儿主要是“用牛”、做杂工，以及担任生产队的会计，基本不做插秧、割稻之类的事情。他似乎养成了根深蒂固的“动作记忆”，插秧时总是做不到“合理密植”，怎么都改不过来，即使勉强插了一些，大多也得“返工”。况且，他年纪大了，有个年轻力壮的帮手总是好的。对于尚未机械化、劳动密集型的农业来说，“人多力量大”还是颇有道理的。

缺粮户心态

“文革”时期实行的是高度集权的计划经济体制。这种体制将整个社会都纳入了统一的计划之中。当落实到我们大队和生产队，每年的主要任务便是“以阶级斗争为纲”，不间断地开展群众性的政治运动，确保农村红色政权不变色；在严肃的阶级斗争之余，社员们当然还要“抓生产”，即严格按照上级的要求，组织水稻、棉花、油菜种植等生产活动，完成上级下达的粮、棉、油、牲畜等任务。

由于以“抓革命”为主业，农业生产自然不受重视，加之在平均主义集体制下，农民的劳动积极性不高，劳动效率十分低下，因而农村的产出十分有限。每年除了上交国家的，留点儿集体的（主要是种子），能够分给农户的便所剩无几了。如果遇上比较严重的自然灾害，年成不好，或者领导邀功，虚报浮夸产量（多报产量自然就需要多上交），那么社员们的境遇就会很悲惨了。到了青黄不接的时节，无粮可分，社员们的家里就会断顿。即使生产队向上逐级申请国家的“返销粮”，而“返销粮”往往是比较有限的，因而咽野菜、饿肚子便在所难免。记得那个年月，我家即使每天只吃两顿饭，常常还是“瓜菜代”，大多也只能吃个半饱，弄得人“觉悟不高”，整天想吃想喝，令“吃”霸道地成了思想和情感的主旋律。

当年的生产和分配，是以生产队为单位独立核算的。生产队有专人负责“记工分”，实行“按劳（工分）分配”。我们生产队规定，成年男性壮劳力的日工分是10分，妇女是7分；老年人和未成年人（农村似乎是没有“童工”一说的）酌减。由于我们生产队处在丘陵地区，田地多是山冲中的小田，土壤不算肥沃，粮食产量不高，到年底核算时，每个成年男性壮劳力的日工分（10分）只值1角8分钱左右。一个男性壮劳力哪怕一天都不休息，一年365天，满打满算也只能挣到3 650分，即65. 7元钱，只相当于城里一个熟练工一两个月的工资。如果刨去实际的节假日、休息日、无法干活的雨雪天，以及可能的病假、事假，工分就更少了。社员们辛辛苦苦忙碌一年，到头来都挣不了几个钱。当然，就是这少得可怜的一点儿钱，社员们也是根本见不着的。因为，每人都有一张嘴，都有生存方面的强烈需求。家家都得从生产队领取粮食、棉花、茶油等生活必需品，过年时还可能会分一次肉（绝无仅有的一次，一般是人均几两）。这一切虽然全是农民自己生产的，但都必须用工分换来的钱“购买”。如果一个家庭所领的粮油等超过了工分折算的钱款，就会形成“缺粮款”。

我们家当时有七八口人，爷爷奶奶年事已高，自然不能下地干活儿；母亲常年疾病缠身，也经常缺席集体劳动。家里的劳动力少，挣的工分自然不多，因而属长年的“缺粮户”。在劳动人民当家做主、“劳动光荣”的革命年代，作为“缺粮户”，可以说是“索取”比“贡献”多，当然深感极不光彩，特别没有面子啦！就像当时反复批判的地主老财“残酷剥削”了谁似的！好在当时除了极个别的单身汉，绝大多数家庭都是“缺粮户”。“大哥莫笑二哥，两个差不多！”

由于“缺粮户”的压力，包括“革命态度”和道德观上的压力，因而我和上学的姐姐们每逢放假，都会迫不及待地回到生产队参加劳动。记得七八岁时，暑期的每个早晨，天都还没亮，我就赶紧起床，睡眼惺忪地往生产队的牛棚跑，争抢那些不“用”的牛来放。否则，就只能去干更苦更累、更危险（山村蛇多）、更没有意思的割草的活儿啦……这当然不算自觉“接受贫下中农的再教育”，因为我们就是“本色”的农民，重要的是通过多“出工”，多挣工分，以“自食其力”，也帮助父母减轻一些负担。俗话说，“穷人的孩子早当家”嘛！否则，那记录在账簿上的“缺粮款”会越积越多，看着就很吓人。我父亲是生产队会计，很小的时候，每到年底无所事事时，我都会趴在桌子旁看大人们慢条斯理地算账。从我记事时起，我家每年都是“缺粮户”，虽然我和姐姐们一天天长大，挣的工分一年比一年多，但“缺粮款”是累积的，一直“稳定”在五六十元左右。——直到改革开放后，清理各家各户的“缺粮款”，父亲被迫用祖上传下来的一个大谷仓，作价区区50元抵给生产队，加上东拼西凑才补上了这个“大窟窿”。过了两年，托联产承包责任制之福，家里多少有了点儿积蓄，申请赎回谷仓用以存放粮食。但生产队里却有人跳出来，要求“公平竞价”，最后，我家愣是花了150元才将谷仓赎回来。据说有乡邻还忍不住扯闲篇：又“便宜”老孙家啦！因为如果将谷仓拖到市场上卖，可能不只值150元！

每年岁末，看着父亲名下那笔五六十元的“缺粮款”，内向的我虽然没敢多抱怨什么，但总是心事重重，内心里颇受煎熬。我伤透了脑筋也想不明白，这笔钱怎么永远都像还不清似的，一年又一年，“赤字”高悬，弄得人心里压抑极了。我也感觉憋屈极了，一家人都在拼死拼活地劳动，母亲的病情稍有起色，就硬撑着去挣工分，而且，全家常年穿不暖吃不饱，可为什么还欠那么多的“饥荒”？我不敢诘问大人其中的道理，怕惹他们不高兴，怕无端地挨他们的呵斥和批判，只是时不时地暗自叹息，既感无奈，更觉慌张。我多么渴望能够挣到一大笔钱！那时即使做梦，最甜蜜的梦、最伟大的愿望，也莫过于捡到10元钱！这种“欠债”心理长期挤压着我，也成了我挥之不去的噩梦，强迫我养成了节俭（抠门儿）、“穷对付”“怕负债”之类好坏参半的生活习惯。人是习惯的奴隶。今天，无论如何，我都接受不了“月光族”“负翁”之类的时髦做法。

白跑的战士

20世纪六七十年代，甚至80年代，农村文化生活之贫乏、单调，是信息爆炸的今天无法想象的。众所周知，我国“文革”之时，文化免不了全面遭殃，是中国历史上少见的“文化沙漠化”年代。不仅文化的产出极其有限，国内的封闭政策和国际形势也令文化交流渠道狭窄；特别是，坚持政治挂帅，文化高度意识形态化，使得人民大众的文化需求根本得不到满足。即便是乡下人无比羡慕的城市，情况虽然相对好一些，但估计也好不到哪里去。20世纪70年代我上学之后，进县城在姐姐家住过几次，看到城里的孩子也无聊透顶，比农村孩子明显“优越”的，不过是消费文化的机会稍多些罢了，比如有机会逛逛品种单调的书店，自己买票看看有限的电影，或者在小人书书摊旁，租几本黑白小人书看看……

电影是人类了不起的发明。在当年地处偏僻的农村，看电影当属最流行、最“高级”、最“奢侈”的娱乐活动了，也是我们小学生最向往、最喜欢、最乐意参与的文化“盛宴”。电影还是我们最好的“教科书”，是我们衷心热爱的“老师”。电影打开了我们的视野，让我们“看见”了外面精彩的世界；电影带来了新的信息和知识，影响了我们的价值观和人生观；电影引导我们思考，塑造了我们的思维方式和行为方式。这方面的事例举不胜举。只要看一看今天《红灯记》《智取威虎山》等样板戏的普及程度，以及人们对之的热衷和参与盛况，或者回顾一下《少林寺》风靡全国之后，到处都是舞枪弄棒、施展拳脚功夫的光头“觉远”，就可见一斑。

每隔一两个月，公社的放映队会来各个大队放映一次电影。当然，那时基本都是黑白电影，在大队部的操场或禾场上露天放映。每到那一天，全大队的社员们都格外兴奋，就像过一个重大节日似的。特别是孩子们，更是抑制不住自己亢奋的心情，饭都等不及吃饱，早早地就搬着小凳子小椅子来到大队部，占据好有利位置，一边满场疯玩打闹，一边等待夜幕徐徐降临。不管是什么电影，无论是红色经典《地雷战》《地道战》《南征北战》，还是“左倾”色彩浓厚的《决裂》《春苗》《战洪图》，以及风靡一时的八个“样板戏”，包括那些垫场的纪录片、科教片，大家都争先恐后，看得认真且投入。一处美妙的场景，一些有趣的情节，一句经典的台词，一位或喜欢或仇恨的“人物”，总能让广大社员激动不已，在很长时间里都是大家劳动、休闲时的谈资。

现代京剧《平原作战》剧照　　陈娟美 摄

至于那些送来精神食粮的电影放映员，在社员们的眼里简直神气极了！那个年代，虽然我们常常谈理想，说追求，但广大社员们的活动范围有限，见识也有限，所以电影放映员几乎就是大家心目中最羡慕的人啦！因为，他们每到一个大队，都能受到由衷的尊重和热烈的欢迎，享受到几乎是最高规格的盛情款待。有心人观察到，他们每到一个大队，几乎都能吃到肉，“像过年一样”（普通农民过年时才能吃上一次肉），而且，几乎每天都能看上电影，活得实在是“非同寻常”，他们的人生实在是太精彩、太幸福了！一些有点儿才艺的放映员，碰到情节曲折复杂的电影，甚至还会穿插着做一些“解读”，配个“话外音”，帮助文化水平不高的社员们看明白。这种做法令朴实的农民们特别佩服、感动，并像敬神一样地敬仰他们。当时许多俊俏的农村姑娘可能都偷偷地想过：“要嫁就嫁这样的人！”

在那个高度集权的计划经济时期，电影既是有计划生产的，也是根据计划供给的。我们所能看到的电影，都得按照“上面”制订的计划，一个大队、一个大队地依次放映。只不过，每年生产的新电影实在太少了，中间的“空白期”实在太漫长了，根本满足不了我们“饥渴得冒烟”的精神需求。大多数时候，我们实在等不及了，别的大队放映的时候，就结伙赶过去先睹为快，而在本大队看完后，有时还会送上一程，到后面的大队去重温一遍。即使这样，仍然有人不满足，因而每当

流动电影放映队　　王新文 摄

听说距离更远的镇上或者其他大队放电影，也会不辞路远，跑去解解馋，凑个热闹。

如同当年大多数事情一样，电影放映的计划也很神秘，似乎没有一定之规，每次也不走固定的路线。普通的农民根本无从得知何时放电影，就是大队的那些不苟言笑的领导，也只能被动地等待上级的通知。有时候，电影胶片“计划”给我们公社的时间太短了，一天一个大队放不过来，那就必须“跑片”，以便让各个大队的社员都有机会观看。所谓“跑片”，即两三个相邻的大队同一晚放同一部电影，A大队放完一卷胶片，B大队早就候着的小伙子一路小跑拿回去放，放完甚至还有C大队等着呢……因为即使是相邻大队，至少也有两三公里的距离，那些“送片”的小伙子颇为辛苦，因而他们一跑进大家的视野，往往就会迎来热情的掌声和欢呼声，享受到英雄般的礼遇！

记忆中感觉最无奈的，还是那些无所事事、到处“找电影”解馋的漫漫长夜。在那个温饱尚存问题的岁月，交通落后，通信不畅，信息不灵，道听途说附近哪儿放电影，便赶紧呼朋唤友，借着月光，甚至摸黑结伴赶去。可是，以讹传讹、空欢喜的时候居多。有时，难免还会有人恶作剧，故意散布虚假消息，诱人上当。我们满怀希望、紧赶慢赶跑到目的地，只看见一片空旷、寂静、没有生机的禾场，心里涌生的那种强烈的怅然若失的空虚感，真是无法用言语形容，也不忍多加描绘。“赴空”之后，悻悻返回的路上，或者第二天，他人好奇地问起看了什么电影，我们大多不情愿实话实说，总爱编点儿自娱娱人的小故事。其中，最为经典、流传最广的回答是：昨晚放映的是一部精彩的新故事片，名曰——《白跑的战士》！

成绩调包了

我上小学时，社会上流行“知识越多越反动”，那是一个名副其实的“反智主义”时代。特别是敢于反潮流的黄帅、“白卷英雄”张铁生之流兴风作浪，在教育界的影响持续发酵，令“反智主义”的造反运动风起云涌。我们的小学时光基本上都在“运动”中半工半读度过，“民办老师”不停地换，教得敷衍塞责，心不在焉，我们这些不懂事的孩子读得无兴趣，吊儿郎当，因而学到的知识实在少得可怜。

我所在的乡村虽然偏僻，但历史上还是崇尚斯文，并有一定的文字崇拜的。老一辈都不大怀疑“白纸黑字”，晓得敬仰圣贤，尊师重道。闻听黄帅、张铁生之流“疯狂的举动”，我们这些朴实的农家子弟惊愕莫名，一时间不知所措，原本朴素的价值观受到强烈的冲击。“坏榜样的力量也是无穷的”。个别胆大、淘气的孩子兴奋之余便开始模仿，本来成绩就不好，正好赶潮流交个“白卷”，甚至还不忘编几句半通不通的打油诗。在如此环境中混了四五年，有些资质愚钝、玩性较大的，连简单的加减法都不过关。用农民伯伯的话说，连写封信、记个账都不够用呢！在我们生产队，农民伯伯们今天还在调侃那些将农机上的“5马力”念成“5马刀”的糊涂虫。

1978年我“小升初”的时候，“四人帮”已经倒台，“文革”结束了，“科学的春天来了”。教育界正在拨乱反正，重回正轨。中断了十来年的高考制度突然间恢复了，全社会努力地向科学和教育致敬，我们即使少不更事，但也深刻地感受到了形势的变化。许多教育制度都在调整，教育计划也在不断更新。变化之一是将中小学入学时间从春季调整为秋季，因而我们的小学多出了半年，变成了五年半。也好，我们就用这宝贵的半年时间，从汉语拼音和加减法开始，将所有小学课程重新学习了一遍。这次“回炉”真是一场“及时雨”，因为学习的气氛和要求完全不一样了，大家的收获是难以形容的大。例如，我在班上算“跑得快”的，没事就自己加码找课外书看，独立地搞“科学研究”。现在记得的，是我居然独立琢磨出了这样的“发现”：“如果一个自然数的各位数之和是9的倍数，那么这个数就能够被9整除。”而如果没有这一次“回炉”，当时许多学生的脑袋如同糨糊，恐怕是连小学毕业生都难称“货真价实”的。

因为政策和风向变了，有了培养人才和提高升学率的压力，小升初时，各个学校开始重视生源，想方设法争抢“尖子生”。

但是，这种竞争向来都是不平等的。当时，因为学生太多，我们县中学、公社中学和大队学校都设有初中部，都希望能够“得天下英才而教之”，从而出人头地。但是，地球人都知道，这些学校的“等级”不一样，掌握的教育资源不一样，教学水平也大相径庭，因而对于学生的吸引力相差显著。

按照颇具行政色彩的设计，招生的顺序先是县中学，然后是公社中学，剩下的则是普及性质的大队中学。县中学最早谙习竞争之道，他们未雨绸缪，提前做起了功课。利用坐落在镇上的优势，他们对条件最好的镇中心小学的学生进行了全面摸底，提前掌握了生源情况。但公社中学也没有闲着，他们充分施展自己的优势，即属于公社“联校”管，而公社“联校”主管着辖区的农村小学，联手打起了农村生源的主意。

为了提高升学率，网罗所谓“尖子生”，公社“联校”发明的办法可谓“绝顶聪明”。小升初考试之后，他们狡黠地不动声色地做了手脚，将全公社各个大队的学生成绩“调整”了一下，把“尖子生”和中等成绩同学的分数“调包”了。于是，几乎所有的农村籍“尖子生”都留在了公社中学——“黄土店公社中学”，而成绩中等的学生则幸运地被遥相对应的县中学——“常德县第二中学”录取了。——在这个富有戏剧性的“斗智”过程中，我们这些当事的农村孩子及家长们怎么想，有什么具体的理想、愿望、要求和权利，似乎是无足轻重的，从来就没有“领导”想到要过问一下。这些“领导”虽然级别不高，却如同天生的政治家一般，无比热衷于“弄权”，热衷于操控“手下”的命运，并为辖区内教育事业的发展“操碎了心”。他们深谙“为人民服务”的“精髓”，确实牺牲了不少脑细胞，以实际行动践行了“当官不替民做主，不如回家卖红薯”的信条！——据此我也悟出一个浅显的道理：虽然我们这些小人物的命运总体上是被大人物决定的，但真正谱写历史的大人物太忙了，离我们也太远了，他们并不负责管理我们这些具体的小人物；我们的命运往往是由身边的那些同属小人物、但掌握了一点儿权力的普通“公仆”们操控的。他们常年“乐此不疲”，或以此为自己的职责。也正因如此，明白人早就总结出了我们不能不服膺的赤裸裸的真理：“县官”不如“现管”！

在升学率的竞争中，如果不同学校都具备基本条件的话，那么，生源——或者说人才——往往就是决定性因素。因为生源方面的绝对优势，我们公社中学的这批农村“尖子生”，没费什么工夫就在成绩上“挫败”了县中学，成就了“黄土店公社中学”迄今为止最值得炫耀的辉煌。——我所在的那个初中“尖子班”，后来有十多位同学考上了重点高中，再后来，又有七八位通过了高考，还有几位进而考上了硕士、博士研究生。在高等教育大众化的今天，这对于一所城市中学或许稀松平常，但在竞争惨烈的精英教育时代，却是一所农村公社中学所能取得殊为难得的历史性佳绩。正因为如此，我们中的一些人在当地曾经小有名气，许多年以后，还有他们的故事口口相传。

跑学之难

初中阶段，我家距离我就读的公社中学大约4公里。学校条件比较差，我家也没有钱让我寄宿，于是，我与我的小学同窗、一同“小升初”的胡长发同学，一起开始了长达三年的跑学生涯。每天一起风吹日晒，雨打霜冻，一起打打闹闹，嬉戏玩耍，我和长发君结下了深厚的友谊，成了一生牵挂、相互信任、相互支持的“铁哥们儿”。在三年时间里，我们俩几乎没有红过脸、吵过架，殊为难得。无论是在学校，还是在跑学路上，每次与其他孩子对骂打架的时候，我们俩都总是“一条战壕里的战友”，配合得可默契了。

跑学的辛苦和艰难，是今天城市里的孩子们难以想象的。即使是今天农村的孩子们，因为有些可以寄宿，有些可以乘坐拥挤程度不一的“校车”，因而也不太可能经历啦！除了大家都能想得到的，“费时”（单程需要45分钟至1小时）、“费脚”（家贫没有鞋穿，除了冬天，常年只能赤脚跑路）、“费心”（不少孩子同在路上，难免吵闹、打架，有时走公路还会有扒车之类举动，令家人不放心）之外，麻烦的事儿还多着呢！

首先是因为极度的贫穷，家里没有钟表之类的计时工具。学校是按固定的时间作息的，但我们却只能凭感觉估计时间，不知道什么时候该起床，什么时候该出发。春夏秋天都还好，冬天天亮比较晚，时间估算不准，最让人抓狂了。有时摸黑起床，自己烧火热饭（前一天预留的剩饭），吃完了，天却总也不亮；有时不小心，又睡过头了，只得匆匆起床，随便扒几口饭，甚至不吃饭就赶紧跑。而且，与同伴搭伴上学，但我们相隔一山一冲，俩人对不上点的时候，左等右等，翘首以待，焦急万分……有时，离学校还有一公里左右，隐约听见上课的预备铃响了，我们撒开腿就跑。跑啊，跑啊，气喘吁吁地闯进教室，弄得全身是汗，待上课静下来时，浑身都凉飕飕的。

其次是湖南的鬼天气，阴晴无常，说变就变，特别喜欢捉弄人。有的时候，早上出门还是个好天气，可下午放学时却大雨倾盆，一阵紧似一阵，没完没了地下个不停。有时走在半路上，风云突变，我们无处躲藏，被淋得像一只只落汤鸡，狼狈不堪。更为恶劣的，是有那么些天，雨大得难以想象，撑着布伞，伞外下大雨，伞内下中雨，没一会儿全身都湿透了。还有的时候，暴风骤雨，根本没有办法撑住那把质量本就不太好的破伞，动辄把伞刮得翻过去了，甚至不小心被吹走了……在那些冷飕飕、寒气逼人的阴雨天，穿着冰凉的湿衣服在学校里待整整一天，让营养不良的瘦弱小身板儿将湿冷的衣服慢慢焐干，那样的滋味可真叫难熬！

还有，就是吃饭的问题了。家庭条件比较好的，可以交一定的粮食和钱，在学校的食堂“搭伙”。中午从食堂领了自己的米饭，就着早晨从家里带来的干菜吃。家庭条件比较差的，交不上钱粮，中饭就只好“省略”了。有一段时间，我和长发同学没有钱在学校“搭伙”，中饭就只能生生地免了。当同学们欢声笑语地吃饭时，我俩或者埋头做作业，或者结伴在校园里溜达，以免刺激肠胃，徒增难受。放学回家，早已经饿得前胸贴后背了，赶紧饥不择食地“恶补”。早上六点多吃一顿，傍晚五六点一顿，间隔时间漫长得违背了生理规律。结果，有一顿没一顿，饥一顿饱一顿，“培养”出了现在这个娇气而麻烦不断的胃。

当然，在中国广袤、贫穷、落后的农村，在不得不跑学的孩子中，我们远不是最难、最苦的。我的家乡毕竟是丘陵地区，山不算高，林不太密，路不算险，河上有桥，甚至四公里也不能算远。与大山里的孩子们沿着崎岖的山路，长途跋涉且经常可能面临巨大的危险相比，我们经历的“跑学”无疑容易多了。后来从纪录片、影视中看到大山里的孩子们摸黑儿“跑学”，有些孩子甚至弄丢了性命，我常常触景伤怀，禁不住热泪盈眶。与这些更加穷困、更加艰难、更加无助的孩子们相比，我们简直一直生活在无边的幸福之中！我甚至做过“自我批评”：过去自己总是不太相信，我们真的是“吃蜜糖长大”的！

书的诱惑

书籍是人类进步的阶梯。在贫穷、落后的农村，当教育处于“放羊”状态的时候，书籍对青少年的成长可能更加重要。

可是，当年的农村实在太穷太苦了，吃饭是不容置疑的“第一要务”，谁家都不可能有闲钱买书。特别是像我的家庭，本身就不是什么书香门第，没有什么存书，即使曾经有几本发黄的线装书，为了避免无谓的麻烦，清查之时也早就付之一炬了。而且，生存方面“压力山大”，生活到处捉襟见肘，父母连本小人书也没有给我买过。因此，家里除了残缺不全的课本、形形色色的《毛选》，空空如也，什么书也找不到。我后来琢磨，这对我们的健康成长，对我们的生活质量，甚至对未来的前途命运，都有一定程度的影响。毕竟，穷小子没有“进步的阶梯”啊，如何能够“更上层楼”呢？——也正因为如此，今日中国的村村通广播、通电视、通网络，以及建设农家书屋之类的举措，真是高瞻远瞩、功德无量的文化惠民工程——如果村庄尚未废弃，还有些常住居民（特别是青少年）的话。

“文革”的时候，文化、教育自然难免遭殃。我们的主业变成了“半工半读”，当然，这应付起来并不困难。老师从不布置什么家庭作业，没有多少需要孩子们操心的事儿。假期则又多又长，也没有什么寒假或暑假作业。除了参加生产队里的劳动，多少做点儿家务，孩子们剩下的就是疯玩了。值得说说的是，每个时代的玩法都有自己的特色，都有不尽相同的内容。我们那个年代因为太穷了，生活困顿，缺少玩具，因而我们的游戏很“土”，很多都是因地制宜，就地取材。今天来看，有人还会羡慕地说是“颇具民俗特色”：女生的主要游戏有踢毽子、跳绳、跳皮筋儿、踢格子、丢手绢之类，男生的主要游戏有滚铁环、抽陀螺（“打老牛”）、打弹弓、射子弹枪、玩玻璃珠、踩高跷，等等。受革命气氛、战争片和英雄人物的影响，当时的男生都带有一股子英雄主义色彩，特别热衷于分成不同派别，组织队伍“打仗”。只不过，在大多数时候，这都会演变成变相的打群架、“争地盘”。我比较内向、胆小，母亲向来管得严，不允许我“惹是生非”，我也不太喜欢“出风头”，但因为长期“窃居”班上最大的“官位”（班长），多少有点儿“威望”和“群众基础”，因而往往被“拥戴”为多数派的“副司令”——不过，我对这种规模性的派系争斗不太感兴趣，缺乏战斗动力，一般只挂虚名，在其位而不谋其政，既不谋划指挥，更不“亲自”冲锋陷阵。当然，双方真的打起来了，在激烈“战事”的刺激下，年少的我也难免要插嘴、观战，激情澎湃一阵子的。

说实在的，那时的我们处于“文化沙漠”之中，虽然头脑里贫乏极了，但还是很渴望得到一些精神食粮的。毕竟，如同亚里士多德所说，“求知是人类的本性”。一些清闲自在的日子，例如活动受限的雨天，例如不用劳动的寒假，无所事事地待着，实在是无聊透顶。尤其是漫长而又寒冷的冬天，那些风雪交加的日子，由于雪下得太大了，没有办法出门，也不用干农活儿，一家人全都窝在家里，烤着炉火，别提有多想看书了。[①]可是，搜遍家里的每一个角落，除了《毛选》甲种本、乙种本，以及各种合订本、单行本外，基本上找不到什么可以看的。对于一个不谙政治的小孩子来说，《毛选》实在太抽象太枯燥了，根本读不下去，翻几页就放下了。于是，我们拼命地想方设法找书看、借书看。有时，为了借到一本小人书，不惜答应同学提出的各种“不平等条件”（例如，替同学完成扫地、砍柴、拾粪之类劳动任务）；有时，见到吵过嘴的同学有本好书，立即就想冰释前嫌，重归于好；有时，好不容易弄到本小说，不管白天、黑夜，总是一口气看完再说；有时，见同学有本小人书，大家立即凑过去，一大堆小脑袋见缝插针地挤在一起看；有时，同学弄来了一本好

① 需要说明的是，那个年代既落后又贫穷，农民家里一般是没有收音机、电视机、电脑、网络的。20世纪八九十年代，电视进入农家之后，附近乡邻每天准时到有电视的乡亲家里观看电视剧，也曾经是一道“别样的风景”。

书，可课余时间同学自己要看，那就只好上课时偷偷看啦……孩子们找书看、借书看、抢书看的经历，与古人、名人痴书、迷书、读书的故事相比，恐怕并不逊色多少！

上初二的时候，有一次，同桌借到一本战争题材的小说——《剑》，惹得我心里痒痒的。课间休息，同桌慢条斯理、逐字逐句地读着，一会儿也不肯撒手。我凑过去同他一起看，可又忍受不了他蜗牛般的阅读速度。上课了，因为惦记着故事的情节、英雄的命运，所以完全静不下心来听课。于是，我发扬死缠烂打的精神，央求同桌冒一回险，让我上课时偷看，请同桌帮我凝神“望风”。正埋头看得起劲儿呢，眼尖的数学老师居高临下，发现了异样。这位女老师向我“款款”走来的时候，同桌吓坏了，一再咳嗽暗示，可是，我正沉迷在小说跌宕起伏的情节之中，什么都没有听见。等到老师生气地站在我面前，杏眼圆睁，怒目而视，一切都来不及了。在老师的严厉呵斥下，我略作无谓的抵抗，不得不乖乖地交出了小说。不用说，还被正在气头上的老师当众狠狠地数落了一顿。

我从入学起就是“得奖专业户”，在这个班上也一直是成绩优异的“尖子生”，学校和任课老师都对我寄予厚望。但这次违纪令我的角色一下子反转了。老师对我的自我放逐非常失望，对我的“不争气”非常生气，口不择言地对我冷嘲热讽起来，将我数落成了故意践踏纪律、拖班级后腿的“坏榜样”。

下课后，任我怎么悔过，怎么央求，她横竖板着面孔，一副横眉冷对的模样，压根儿就不想搭理我，更甭提还我小说了。借来的小说还不上，令憨厚的同桌抓耳挠腮左右为难，更令我有一种深重的负罪感。每天见到同桌，虽然他故作轻松，尽量不提此事，可是，我却怎么都笑不出来，感到浑身不自在，心里充满了无尽的愧意……

好不容易挨到期末，谢天谢地，我的考试成绩名列前茅。我心想，我已经“痛改前非”了，老师应该消气了。于是，在同桌的陪同下，我鼓起勇气再次向老师认错，请求老师法外开恩，将小说还给我。可老师斜了我一眼，漫不经心地说：“什么书啊？早就不知道哪去了！”敢情，老师缴获之后，并未交公，而是私下让人借走了，再也要不回来了……

出人意料奖

我的母亲虽然身体瘦弱，疾病缠身，但心高气傲，特别要强，爱面子，是家里绝对的主心骨和精神支柱。虽然当时政治上流行“造反有理”，教育界反对“白专道路”，到处弥漫着一种反智主义情绪，然而，朴实、倔强的母亲不为所动，或者说根本就不太理睬这一切。她文化水平不高，但以一位农民的倔强，坚守着朴素的追求，上进的价值观，对我不仅不言放弃，甚至还有所要求，明里暗里都希望我争气，“永远争第一”。

我们就读的毕竟是天高皇帝远的“民办小学”，老师兴之所至，偶尔也会组织一些考试，有时甚至会在班内公布成绩。有一次，大约是小学三四年级，我在一次平时的普通考试中，数学考了80分，名列全班第二。回到家，我有些漫不经心，或许多少还有点儿得意地告诉了母亲。母亲随即放下手中的针线活儿，警觉地追问：“第一名多少分？”我没有多想，一边闷头玩耍，一边无所谓地回答：“88分。”母亲闻言，脸色立刻“晴转多云”，语气严厉地训斥道：“差1、2分也就罢了，差了8分，你还有脸得意？！”然后，不由分说，将我劈头盖脸地大骂了一顿！母亲平时宠我，连说句重话都不太舍得，可是，这顿气急败坏的臭骂却如暴风骤雨，铺天盖地，毫不留情！我习惯了“知识越多越反动”之类信条，习惯了“半工半读”做“小社员”，一直将读书视为“业余活动”，根本没有意识到第一名如此重要。一时间，我呆立在那里，手足无措，尴尬莫名，委屈得眼泪哗哗直流……无论如何，这顿罕有的臭骂刻骨铭心，也在一定程度上骂醒了我，让我懵懂中记住了些什么。

要强的母亲被病魔夺去生命之后，我们家就一直像是缺了些什么，怎么也缓不过劲儿来。我们家祖上从来没有出过秀才，没有人中过举，对于读书、考试不能算在行，因而母亲去世后，就没有人在意我的学习了。我上初中的时候，虽然已经恢复高考了，可是，竞争那么激烈，录取比例那么小，远近乡邻“中举”的故事实在是凤毛麟角，因而家人现实得很，对我并不敢抱什么期望，从来没有人检查我的学习，过问我的成绩和表现。我们上初中那三年中，全年级一会儿集中组织一个“尖子班”，一会儿又觉得不公平不合理，再次“打散”重组，如是反复了几次。至今我都怀疑，我的父亲是否确知我分在什么班，是否挤进了那个唯一的“尖子班”。而且，我的家人恐怕更不知道，我曾经在初二时担任过一位学生可能担任的“最大的官”——校团委书记，而且还兼任组织委员以及校学生会的学习委员。在全校师生大会上，我作为团委书记煞有介事地致辞，讲话稿还是一位风流倜傥的青年老师帮助润色、改定的。有风流倜傥的老师帮助做“秘书”工作，感觉真是“别致”极了，我的心里还暗暗神气了好一阵子。

在我们家卧房的房门后，“站”着一个木质的小立柜。柜子灰不溜秋的，有些旧了，不是太惹眼。从我记事起，那就是属于我的柜子。柜子有三个抽屉，里面收藏着我小时候钟爱的各种“宝贝”，诸如木块、螺丝钉、橡皮筋儿、弹弓、木手枪之类的土玩具，以及毛主席像章之类精美的工艺品，平时我不允许家人动“我的东西”。有一天，我照例上学了，家人不知是打扫卫生还是翻找什么东西，无意中发现了一个“小秘密”：柜子的抽屉里，几乎装满了我上初中以来获得的各种奖状，还有几件崭新的奖品。他们大吃一惊，像哥伦布发现了新大陆一样！因为上小学时，我虽然获得过大量的奖状，但都被母亲骄傲地贴在墙壁上，公开展示，而母亲去世后，这类张扬的做法早就成为历史。上初中之后，平时再没有人管我的学习，我比较内敛，自然不会主动地“汇报”。学校距离比较远，老师换得也比较勤，他们从来都没有来家访过；学校也没有开过家长会，与家长进行沟通，因此，家人对我的学习情况可以说概不知情。虽然那些学习或竞赛得来的奖品不值钱，不过是些钢笔、毛巾、搪瓷缸之类，但毕竟有些“规模”，特别是，这完全超出了家人的期望和想象，因而他们都不约而同地表示“震惊”，还有意无意地“泄露”给了远亲近邻，给亲戚朋友增添了些饭后的谈资。

自从这个小秘密被无意中“揭穿”之后，我的家人对我颇有些“刮目相看”。从此，他们不再“小瞧”我了，相反，有意无意地声称我“会读书”，我的学习成绩“不错”，今后说不定会“有点儿希望”。于是，我的父亲虽然依然沉默寡言，但私下里可能还是有些“心动”，甚至开始有点儿为我自豪。一直到我考上重点高中，考上大学，考上硕士和博士研究生，父亲虽然没有对我多说什么，但据说还是有些按捺不住的骄傲，在熟识的亲朋好友面前也会叨叨几句，并对那些喜欢拿孩子夸口的乡亲们颇为不服，甚至在背后小声地讥讽他人几句。——2007年夏，父亲因为脑溢血匆匆离世，“子欲养而亲不待”，令我打心底里后悔不已。仔细想来，我一直奔波在求学路上，一直在偌大的北京城艰难地讨生活，对家庭的贡献十分有限，对父亲的关照微不足道。而我在学业上的些微成绩，或者在那个小山村取得的相对成功，或许是我曾经带给父亲的唯一安慰。为儿如此，实在是抱愧终生！

选择的代价

在恢复了高考的大背景下，我们1981年参加的中考，还是比较正规的。也可以说，是我们这些土里土气的农家孩子经历的第一次正儿八经的考试。当时，考试至少是全县统一的，监考老师也是统一调配，考场相对规范，甚至还画了隔离区，颇有些神圣、庄重的气氛。

因为处在教育改革、调整时期，中考的整体设计比较复杂，不同科目的成绩计入总分的权重不一，例如，英语、化学的权重都不大。换算之后，自己的考试成绩马上变得陌生起来，现在更是记忆模糊了。唯一清楚记得的是数学最好，考了99分。我还记得，丢掉的那1分是一道填空题。这个题并不难，交卷出门时，我就已经意识到弄错了。不过为时已晚。后来还为自己的粗心懊恼了很长一阵子。

中考成绩公布后，我们第一次面临“选择的痛苦”——需要自主填报志愿，在全县的中学范围内自由报考。我们这些农家子弟孤陋寡闻，“两眼一抹黑”，对全县有多大，有些什么中学，哪些中学好一些，等等，几乎都不知道，至于自己的成绩在全县的排名就更不清楚了。而且，我们历来“被决定”惯了，不太习惯自己做主进行选择。面对人生中的这“关键一步”，我们几无例外地有些发懵，眼神迷茫，面面相觑，一时间不知如何是好。

班主任老师毕竟见识广些，他当仁不让地站出来，帮助我们主持大局。他托人带话，将我们一个个从家乡的田间地头招呼到学校，给我们大致介绍了些情况，帮助我们作了些分析，并以非常明确、却又是建议的口吻，替我们做好了抉择。我记得，我连家长意见都没有征求，就与全班十多位“尖子生”一道，听从班主任老师的意见，放弃了“当然”的重点中学——“常德县第一中学”，集体选择了当时的一所“土豪”学校——“常德县第八中学”。该校虽然位置略偏，基础设施落后，历史上的教育成就平平，却是当时县革委会主任的家乡中学，云集了全县最好的教师，近几年的高考成绩斐然，压倒了县一中。班主任老师一心望我们“成龙”，当然希望我们能够攀上“高枝儿”啦！

可造化弄人，让我们始料不及的是，我们倚靠的班主任老师的情报不够准确。或者说，他虽然对我们关爱有加，喜欢在我们面前高谈阔论，指点江山，但毕竟只是一所普通的公社中学的语文老师，对“政治”并不敏感，对最新的政治动态缺乏足够的了解，更不用说进行预测了。就在我们入校前后，风云突变，县革委会主任去职了，学校的“土豪”地位立即失去了保障。正所谓“树倒猢狲散”，一时间，优秀教师纷纷另谋出路（大多数都被县一中挖走了），学校的教学质量也就每况愈下，依靠教学质量和升学率建立起来的声誉立即土崩瓦解。我们木已成舟，丧失了再选择的权利，私下里好不郁闷。这也让我们第一次领悟了“选择”的含义，感受到了“选择”的威力：选择既意味着“获得”，也意味着“失去”，甚至可能与“代价”如影随形。[①]

——这里应该忆及的是，一些因为各种原因调走的老师对这所学校还是蛮有感情的，至少面对自己的学生们挽留的目光，落寞的神情，颇为心痛、心酸和不忍。迄今忆起一位小有名气的女数学老师临走前的“最后一课”，依然历历在目，我的心灵受到前所未有的震撼。那可真是一堂别致、生动的数学课。出乎我的意料，老师在课堂上并没有说什么煽情的话语，甚至没有惯常的“真情告白”，但心照不宣之中，气氛却越发凝重，充满了悲情、眷念和不舍！老师讲得卖力极了，目光炯炯地不时看看我们的反应，循循善诱，条分缕析，恨不能倾其所有，我们则前所未有地认真，端坐身子，双眼圆睁，心无旁骛，聚精会神，生怕漏掉了一个数学符号……这可能是求学以来，我上得最用心、最专注、收获也最丰的一堂数学课。我一直在“反智主义”氛围中

① 这所也曾经辉煌过的重点中学，后来命运不济，不断滑坡。因为欠下200万元债务，2010年黯然停办。据说，现在的校园里早已是荒草满园、一片狼藉了。

“茁壮成长”，第一次惊奇地发现，数学中的逻辑关系如此清晰，数学命题之间的推导如此简明，科学知识和人的情感能够如此紧密、生动地融合在一起！

玩物必丧志

高一刚入学的时候，或许是因为中考成绩名列前茅，我被老师指定为班级的学习委员。因为“职务”的缘故，与老师和其他班干部接触较多，因而受到的“正向激励”也比较多。开学之初，我的学习还是颇有些劲儿头的，心里也模糊地确定了自己的目标。

然而，由于是第一次真正离家“出远门”，过集体性的、有些刻板的寄宿生活，虽然“新奇”，心里却时时感到惶恐、不安。几十位同学挤在一间大教室里，地铺一个连着一个，白天吵吵嚷嚷，晚上鼾声此起彼伏，内向的我实在难以“安心”。我与一位患有严重疥疮的同学同睡一“床”，同盖一床被褥，居然一个学期也没被传染，后来明白过来，直呼“万幸”。尤其感觉不舒服的是，每天清晨，成百上千的学生挤在一口水塘边刷牙洗脸，中午或傍晚又在那儿洗衣、洗脚，乃至在地势稍高一些的澡房担水洗澡，想一想都觉得不太卫生。由于想家，由于寂寞，总在业余时间去找老同学，大家在一起聊聊天儿，互相安慰，打发时间。

因为尚不懂事，高一的学习尚没有紧迫感，我经不住诱惑，被压抑的“玩性”马上就迸发出来了。有一段时间，我特别沉迷于象棋、军棋等智力竞技活动，动辄拉住同学杀上几盘。没有多久，书本变得生疏了，作业“变难”了，成绩也就直线下滑。我现在还清晰地记得，第一学期期末政治考试前的那个中午，阳光分外明媚，气候也很宜人。我与一位同学躲在宿舍旁的楼梯平台上下象棋，玩得投入极了。鏖战正酣，刺耳的上课铃响了，我俩只得赶紧收拾棋具，心有不舍地往教室跑，一边跑还一边激烈地争论棋局的形势，互不服气。考试的时候，望着一堆严肃、枯燥的政治考题，我的心怦怦直跳，耳根发烧，怎么也静不下来，无论如何都赶不走头脑中那盘没有下完的象棋残局……如此调皮、任性地胡闹，考试的结果自然也就可想而知了。虽然各门功课都勉强及格了，但是，班内的排名却跌得惨不忍睹。这样的“惨”状，在我之前的求学经历中可是从来没有出现过的。

期末放假前，时任学习委员的我在帮助老师统计分数的时候，难堪极了。我真的有心找个地缝儿钻进去。本来，在当时“科学的春天”里，我已经顺应时代潮流，树立了一个“远大志向”，即要当一名科学家，做一点儿社会需要、自己也能够做主的“实事”。我私下里觉得，自然科学研究更符合我内敛的性格，更符合家人务实的期望，也更符合当时社会“向科学进军”

的价值观。但是，这样不尽如人意的数理化成绩给了我当头一棒，严重地打击了我本就孱弱的自信心。我一时有些心慌，失去了客观的自我判断能力。在难堪与沮丧之余，高一第二学期文理分科时，我甚至没有征求家人的意见（当然，家人似乎从来就没有什么不同意见），干脆另辟蹊径，选择了攻读“比较容易”的文科。就是因为这样一种“走捷径”的心理，导致我作出了这样一个“轻描淡写”的决定。我也没有料到，在很多年以后，因为这个决定，我会和“政治”“哲学”“文化”等结下不解之缘。

人文社会科学本就具有意识形态色彩，经过长期极左政治运动无孔不入的洗礼，早已被阶级斗争浸染得面目全非了。而在普通民众的心目中，人文社会科学过于空洞，充满了想象，不太容易被实证，其“科学性”和“客观性”饱受质疑；它甚至充满了各种各样的说教，有些说教不用说，还令人反感，让人厌烦。在向科学进军的大气候中，学习这样的本领对务实的农民来说，简直是“不务正业”，简直是“入错行”了。而且，它还比较“玄”“虚”，耕种和收获之间的关系过于模糊，实在难以准确地把握和测度。弹性如此之大的“文科”，本不是一个笨拙的农家子弟应该触碰的。从此“落草为寇”，我的人生便开始“拐弯”，变得更加充满不确定性，更加难以控制风险。我时不时地“看见”我的命运就像“汪洋中的一只小船”……

好人有好报

我不知道为什么，文理科选择与分配向来是极不均衡的。在文理分科时，大多数同学选择的都是理科，因而就不用费事挪班了，而全校文科班只有一个，是由同一年级各个班选择文科的同学拼凑而成的。这是一个名副其实的杂牌班，女生的比例相对比较大。不知是有意还是巧合，学校挑选的班级号为“高38班”。在新组建的班级里，同学之间多不熟识，因此还需要重新适应。

大家之所以选择读文科，或许各有各的理由，各有各的苦衷。据我观察，大多数人是因为数理化成绩不尽如人意，存在比较明显的偏科问题。不过，确实也有少数人“天生”对文史哲之类的内容感兴趣，甚至从小就立志当作家、历史学家、律师，甚至政治家。我的情况相对比较特殊，很大程度上是因为缺乏主见，一时冲动，同时更像是鬼使神差，阴差阳错才选择了文科。毕竟，我并不怎么喜欢文科的“弹性”和“阶级性”，特别是对政治、地理之类，课堂上提不起什么兴趣；而且，我的数理化基础并不算差，尤其是数学，屡屡在关键考试中“立功”，可以说是我的“恩科”了。因而，我一到新组建的文科班，与同学们稍加接触，就感觉有些后悔，甚至觉得误入歧途了。此外，文科班作业偏少，平时比较活跃，而我比较内向，既没有什么特长，也没有什么优势，完全淹没在了茫茫人海之中。

正当我为上帝把我通向“理科”这扇门关了而感到万分沮丧的时候，上帝又不经意地给我开了一扇窗。一个偶然的事件改变了我暮气沉沉、波澜不惊的处境，让我在落寞、寂寥中重新看到了希望。

一天吃晚饭的时候，我在食堂旁的路边捡到了15元钱。时间记不清了，大致是1982年的春天。那个时候，对于来自农村的穷学生来说，15元无疑是一笔巨款了。当时小食堂供应老师的炒菜，家境较好的同学偶尔也会去买，素菜是5分钱一份儿，荤菜也不过1角5分至2角。学生在大食堂吃饭，一位学生一个学期的生活费也不会超过15元。不用想，丢钱的同学肯定急得像热锅上的蚂蚁了。我拿着钱在原地呆立了好一会儿，没有等到失主，怕耽误晚自习，就将钱交到了学校教务处，让老师负责寻找失主。说实话，当时，我并没有经过“激烈的思想斗争”，更无意出啥风头，只是按照父母的叮嘱和多年接受的教育行事，“拾金”理应“不昧”而已。我将钱放在老师的办公桌上，轻声向老师简单地说明了原委，就匆匆离开了。一位我不认识的老教师反应过来，追出门，态度坚决地拦住了我，坚持要走了我的班级号和名字。几天后，学校在校道旁的黑板报上，简单地给了我一个全校通报表扬。

这件事到此已经结束了。但我没有意料到的是，这样一件小事儿，让文科班的老师和同学们意识到了我的“存在”。毕竟是一个新组建的班级，大家并不熟识，令大家注目的东西不多，“拾金不昧”算得上一个所谓的“硬条件”了。于是，班级组织各种文体活动时，大家很容易就会“发现”我，强加给我一些抛头露面、深度参与的机会，评选先进，或者三好学生之类时，我也会没有多少争议，顺理成章地入围，甚至，在平时的交往中，我偶尔也会成为调侃的对象，感受到同学之间的信任和温暖……这些事情虽然微不足道，事后别人一般都记不住，但不知不觉中，给了我许多正能量。我又开始收拾落寞、寂寥的心情，认真地投入学习和班级事务。世界上的事，怕就怕认真。青少年阶段，难得的是鼓励。得到鼓励，稍一认真，我的成绩和表现便渐有起色。期末考试时，已经“荣登”这个文科班的榜首（并列第一）了。在那个以考试成绩论英雄的年代，这不免令自己多少有些窃喜，甚至有些“春风得意马蹄疾”的味道。

后来真的取得些许进步后，我暗地里情不自禁地感慨，“好人”其实是“占便宜”的，更容易得到“好报”。毕竟，人们由衷地觉得一个人“好”，这是多么难得的一种感情，多么稀缺的一种资源，会得到多少温暖如春的关爱和信任！会得到多少意想不到的机会和支持！或许，那些患得患失、机关算尽、锱铢必较的人，那些心怀鬼胎、损人利己，甚至损人不利己的人，永远也想不明白其中的道理。不过，只要认真地做一做如下假设，人们立马就可能豁然开朗：如果雷锋今天投身商海做生意的话，那么，会不会立项审批更通畅？会不会融资更容易？会不会合伙人更多？会不会产品更好销？会不会生意更红火？会不会更易得到帮助？……在冷漠残酷的社会竞争中，“硬实力”自然不可或缺，但“软实力”也不可小觑啊！

一百单八将排座次

进入高二，我所在的文科班猛然间热闹起来：当年的高考已经尘埃落定，50多位高考落榜、但成绩较好（重点学校一般只接收高考成绩差不多的落榜生）的复读生潮水般涌了进来。学校只设一个文科班，本来有50多人，可以说人满为患了，加上陆续插班的这50多人，一下子严重超员，膨胀成了一个“一百单八将”的超大班级——当然，高考之前，难免有同学调进调出（最有“本事”、最令人羡慕的是“移民”去了新疆、甘肃等录取分数低的边远地区），这个数字并不是固定的，“一百单八将”是鼎盛时期的数字。

中学期间，估计蹲过“一百单八将”班级的人不会太多。这个班实在太“宏大”了，老师又不像今天有麦克风，坐在宿舍楼内那个长长的礼堂般教室的后排，老师的讲课声听上去空洞而又遥远，因而“有志青年”都想往前挤，占据有利位置。于是，“一百单八将”如何排座次就成了一个大难题。不过，类似这样棘手的难题，根本难不住我们那些经验丰富的老师：每个月末，班级都会组织一次包括所有高考科目的考试，严格地根据考试成绩排定座次，成绩好的坐前排，成绩差的依次往后坐。——当然，个别相邻的同学自愿换个座位，老师就睁一只眼闭一只眼，并不出来多管闲事。

每月公布成绩、调整座位的时候，教室里总是弥漫着一种怪怪的味道，有欢笑，也有哭泣，更多的则是一声心情复杂的叹息。在一起拼搏的同学面前，得意的不敢过分张扬，失意的则是千姿百态。有的女生考砸了，一时红了眼睛，或者噙着泪水，但大家视若无睹，谈笑自若，一般都不会去安慰。安慰人向来是一件费力不讨好的事。何况，这种人人都不能置身事外的排座次，又能如何安慰呢？谁又有资格去安慰呢？金字塔式的排名是残酷的，第一名毕竟只有一个啊！风水轮流转，下次自己的位置还不知道在哪儿呢！

我是少不更事的应届生，虽然高一第二学期的期末成绩与人并列第一，但自从班上涌进了大批复读生，成绩就不怎么拿得出手了。毕竟，我们这些应届生稚嫩得很，连新课程都没有学完，尚未做好准备，仓促迎战“月考”，根本就不可能是久经沙场的复读生们的对手。因为复读生已经一次或多次“回炉”[①]了，几

① 那时的复读生也真不容易，有的甚至年复一年地复读，往往因为“临门一脚”不佳而败下阵来。我的一位同乡和朋友早我四年参加高考，我大学毕业那年，依然在坚持复读，真正是“八年抗战”！可遗憾的是，他每年的成绩都在录取分数线附近徘徊，就是捅不破那层薄薄的窗户纸，令人禁不住扼腕叹息！

本教材早就读得滚瓜烂熟，更是备战过许多精妙的复习资料，熟悉各种各样的应试技巧，应付平时的这类测试自然得心应手。合班后的第一次“月考”，我完全没有反应过来，鬼使神差地将几个数学题的答案全部计算错了，数学居然没有及格，一下子被挤到了20名开外。抬头一望，前面坐了一大片资深的学兄、学姐，陡然间感觉“压力山大”，感到前途渺茫……

不过，应届生也有自己的优势，比如相对单纯，比如学习兴趣比较浓厚，比如学习态度更为放松，特别是，后劲儿相对比较足……随着时间的推移，新课程逐渐学完了，应届生的成绩便多有起色。自班级依成绩排座次以来，我的名次一直在稳步往前挪动。没过几个月，已经冲进了第一集团，有时甚至名列前茅了。于是，我也在众人羡慕的目光注视下，挤进了“精英云集”的前二排，肩负起了“为校争光”的历史重任。——在那个年代的农村中学，学习成绩好，真的是一件特别得意、幸福指数极高的事情！

死亡体验

在超大班级“高38班”，我和一些同学逐渐熟识起来，慢慢地打成了一片。特别是，那些年龄较大、阅历丰富的复读生同学，如同“小老师”一样，给我们这些单纯的学子打开了一扇“窗”。他们又像亲切的“大哥”，带着我们课余谈天说地，嬉戏玩乐，打打闹闹，给单调、紧张的学习生活平添了不少乐趣。

春夏之交，湖南的天气变得日渐闷热。大家虽是书生，付出的是脑力劳动，但每天仍然汗流浃背，洗澡成了必修课。可是，学校一直没有正式的澡堂，只是在校内的水塘附近，修建了两个简陋的小房间，男女生都需要自己从塘里担水洗澡。忙碌了一天，一身臭汗，小小的一桶（盆）水根本不够用，怎么也洗不干净，洗不舒坦。于是，一些熟悉环境的复读生便瞒着学校，带着大家到附近村子里的水塘洗澡。

我们常去的那个水塘距离学校不到一公里。水塘在一片层层叠叠的农田中央，大约有十多亩，水面挺开阔的。水塘并不规则，水底地形很复杂，深浅不等。但因为不少班级都有学生前去，人多了，大家的胆子便壮起来，游泳、嬉戏、玩耍，快乐不可言！

我的家乡河流、水库、水塘、水井遍布，每年都有一些人溺水而亡，其中又以莽撞的少年儿童居多。我熟识的亲戚、乡邻、同学之中，就有十来位不幸溺死，过早地丢掉了性命。我是家里唯一的男孩儿，小时候母亲的家规极严，绝对不允许我私自下水，特别是到深水处嬉戏、游泳。因此，遗憾得很，都上高中了，我却仍然是一只“旱鸭子”。这时，看到大家在水里尽情扑腾，追逐打闹，心里别提有多羡慕了！

一天晚饭后，我与班上一群男同学照例到水塘洗澡。一到塘边，大家立即四散开来，各自去疯玩疯闹了。我因为不会游泳，只能独自一人泡在水不太深的塘边，边洗边玩。没想到，离岸边不远处，有一道深深的暗沟，大约是被淹没了的排水渠。一不留神，我一脚踏空，一个趔趄，掉进了沟里，呛了一大口水。我赶紧本能地扑腾，却怎么也踩不到实地，反而越滑越远，沉了下去。从水里冒出来的瞬间，看见我们班的一位同学正在岸上与人聊天，我立即向他呼救，可能根本就没有喊出声音，又坠了下去，水又灌进了嘴里。我慌了，心里急速地想，我要死了吗？就这样死了吗？我不甘心，拼命地挣扎，又从水里冒了出来。我急切地向那位同学“喊话”，可他侃得眉飞色舞，丝毫没有看见我正在与死神搏斗！我急死了，恨死了，他俩怎么那么专注，怎么就不往我这儿瞧一眼呢！再次沉下去的时候，我的大脑飞速地运转起来。刹那间，忆起了许许多多过去的事情，视野里出现了一幅陈年旧照似的神秘风景：薄暮黄昏，天地失色，山野空旷，疏影横斜，落寞寂静……

我以为自己就此与这个世界诀别了。当我的意识渐渐模糊，或许还本能地挣扎着的时候，突然腋下一紧，被人托出了水面，送到岸边。原来，水塘中央的水下有块高地，几位同学正在那儿歇息，我的同班同学于克平、郝兆金看见我正在“沉浮”，飞快地向我游来，一左一右托住我的腋下，将我从死神那儿抢了回来！

坐在堤上喘息片刻，一大群同学闻讯围了过来，问这问那，议论纷纷。我很快镇定下来，既感庆幸，又觉得实在太丢人。我强打精神，向大家表达了谢意，轻描淡写地表示自己“没事”。大家再也无心嬉戏，赶紧洗完，穿戴整齐陆续回校。为防校方知道，给同学们添麻烦，回到学校，我装着像什么也没有发生一样，照常到教室上晚自习。碰到消息灵通的同学挤眉弄眼，私下调侃，我只是尴尬一笑，始终不置一词。只有我自己知道，我鼓鼓的肚子里装着多少塘水！那天晚上我是如何消化那些塘水的！

经历了这次与死神的“亲密接触”，我在心里暗暗发誓，在哪里跌倒，就要在哪里爬起来！没过多少日子，惊魂稍定，我又随同学们来到水塘，开始学习游泳。同学们或者是“自学成才”

的，或者是“野路子”师傅教的，根本说不清楚动作要领。他们倒是有一个共同点，即一而再再而三地强调：关键是不怕喝水！可是，我曾经喝得太多了，打心眼儿里就惧怕喝水！尽管我摸索着学会了“狗刨”，但因为总是梗着脖子，将头抬得高高的，因而费力极了，无论如何也游不远。不过，我暗暗地想，上次那样的水沟应该淹不死我了。

恐怖的预考

高考真是人生的炼狱，特别是在精英教育、“千军万马过独木桥”的时代。当然，对于一些身处社会底层、一无所有的农家子弟来说，还是由衷地欢迎和感谢高考的，就像古代皓首穷经的穷书生，对科举考试也充满了复杂的情感一样。毕竟，这是社会下层“向上流动”的唯一机会。高考，也是当年广大农家子弟“跳出农门”、改变命运的唯一途径。

在那个推崇“人多力量大”的时代，或许是考生太多了，录取比例又太低，因而设计的高考制度与今天不尽相同。除了招生数额极为有限之外，其中最严苛、最要命的制度是，在万众瞩目的正式的高考前，还设有一个大考——预考。预考并不是检验高考准备情况和考生实力的预备考试，而是一次具有实质性意义的大考，即高考的资格考试。只有一定比例的在预考中名列前茅的考生才能继续在校学习，参加名副其实、万众瞩目的高考。预考安排在高考前一个多月，考题一般不会太难，因为它还有另一方面的作用，即高中毕业会考，成绩合格者，就算高中修成了正果，可以拿到高中毕业证书。

令人胆战心惊的是，作为高考之资格考试的预考，有着令人恐怖的高淘汰率。我手头没有官方的正式统计数据，不过，据我不怎么权威的观察和估计，淘汰率大约在80%左右。我就读的县中学是招生时占尽便宜的重点高中，我们班参加过前一年高考的复读生将近50%，而预考的通过率也不过40%。50多位风华正茂的应届生，预考过后，只剩下了屈指可数的三四个人，令人不胜嘘唏。我算是名列前茅的尖子生了，预考结果没有公布之前，心里也一直在“打鼓”，生怕马失前蹄，功亏一篑。至于普通的县中学，特别是普及性质的公社中学，“存活率”低极了，被“剃光头”也是司空见惯的事。

当时，有些可怜的考生年复一年地复读，实际上从来就没有参加过正式的高考。这有些残酷，也有些吊诡，就像一位运动员刻苦训练了很多年，却从来没有机会参加那场具有决定意义的正式比赛。甚至，比较倒霉的可能连戒备森严的考场都没有见识过。今天想来，依然忍不住替他们感到惋惜。——就此而言，坊间流传的所谓“一考定终生”实际上是不准确的。因为，在实行预考制度的地区，一名考生若要“金榜题名”，至少需要趟过两道“鬼门关”！

我们在公社中学读初中的时候，有一年，高中部有四位同学通过了预考。这是一次重大的“突破”，有点儿“放卫星”的味道。全校师生都极为振奋，大家奔走相告，对学校取得的战绩颇感骄傲，对自己的前途充满了憧憬。毕竟，一所公社中学的高中部不可能得到好生源，竞争力向来有限，“剃光头”是稀松平常的事。在预考至高考的那段时间里，四位同学享受了“大熊猫”般的“校宝”级待遇，全校师生都得服从他们学习的需要。高中毕业班的老师全部调动起来，使出浑身解数，轮番上阵给他们开小灶，极尽辅导、猜题、疏导、服务之能事。我们这些学弟学妹们不敢添乱，却对这些重点保护的“大熊猫”充满了好奇。课间休息的时候，总是忍不住蹑手蹑脚地走过去，从门窗缝儿中偷窥一下“大熊猫”们长什么样，又是如何刻苦学习的：只见空旷、幽静的教室里，四位“校宝”有的坐着，有的靠着，有的斜着，一个个面色凝重，不苟言笑，正趴在书堆中默默地温书，静静地演算。他们的一举一动都显得那么神秘，那么富有“内涵”，令人油然而生敬畏。——至于后来几位“校宝”的高考战果，因为是暑假期间发生的事儿，我们就不大清楚了。不过，现在想来可能不会太出色。否则，学校领导一定会作为我们学习的好榜样，宣传得家喻户晓、人人皆知的。

长腿的课本

我的小学赶上学制调整，由春季入学改为秋季入学，本是五年制，五年半才毕业；上初中又赶上学制调整，由二年改成了三年；上高中的时候，再次赶上了调整，即二年制转变为三年制的过渡期。一般而言，我们可以高二毕业，通过预考的参加高考，没有通过预考或者高考落榜的，则可以继续读高三。

随着预考的临近，竞争日趋白热化，同学们的战前心态发生了巨大的变化。在残酷的升学压力下，空气中隐隐透出一股呛人的火药味儿。有些同学的心理开始失衡，甚至走向“变态”。紧张、焦虑、急躁，失眠、抑郁、易生病、火气大、易冲突、易失控……真是千人千面，千姿百态，难以尽述。其中多少有些令人心悸的，是部分同学风声鹤唳，草木皆兵，对身边一起奋斗的同学也充满了敌意。他们将“高考竞争扩大化”，觉得身边的每位同学都是自己的竞争对手，特别是那些成绩比较优秀的同学，更是自己金榜题名的“拦路虎”，必欲“去之而后快”！

如前所述，高二以来，我们班一直在依据“月考”成绩排定座次。可能因为我的成绩是应届生的“领头羊”，长时间挡着个别同学的道；甚至不太“安分守己”，不断地“向前拱”，颠覆着“既定的秩序”，因而弄得个别同学有些不爽，有些失落。于是，很不幸，我不知不觉中成了个别同学的“眼中钉”。

俗话说，“天有不测风云”。预考前的一天清晨，我正在教室里埋头苦读，一位比较要好的同学匆匆跑进来，塞给我两本书。原来，他在学校围墙外的乡野田间晨读，从外面捡来了两册有我“签名”的课本。我见状大吃一惊，心知不妙，拔腿就往放书的宿舍跑。闯进宿舍，朝自己的床铺一瞥，我立刻有些把持不住了。天啦！床头空空如也，我放在那儿的一大堆课本全都不知去向了！我赶紧打起精神，像没头的苍蝇一样，在校外校内四处寻找，可折腾了大半天，终究一无所获。

书没有长腿，自然不会自己跑掉。很明显，这些书都被某位同学给扔了！而且，扔得还颇费了点儿心思。不然，在这面积不大、人来人往的校园里，不可能毫无踪迹，怎么也找不到的。

到底是谁这么处心积虑地缺德搞破坏呢？这可是基本的必考教材啊！我呆立在喧闹而又孤寂的校园里，委屈的眼泪在眼眶中直打转。我尽管内向，平时害怕惹是生非，但怒火攻心时也顾不了那么多了。我想大骂，我想打架，我想拼命！可是，我不知道“敌人”是谁，我一筹莫展，无计可施……当然，我也想到了向校方和老师求救。但是，稍稍冷静一些，我就想明白了，在当时许多同学都拼红了眼的环境中，这根本就不算个事儿。毕竟，比这严重的事情多如牛毛，比如有神秘男生夜闯女生宿舍，比如有胆大的小偷时常光顾，比如有人心情抑郁活不下去，比如有人病急乱投医乱吃药，比如真的有同学已经“开战”了……丢书比不得丢钱，更比不得伤人、死人，这类“小事情”无伤大雅，甚至不足挂齿，既不可能有人去查，也不大可能查出什么结果来，只能自认倒霉，自己想办法克服。实际上，我也是将就着关系比较要好的同学的课本，自己凑合着解决复习问题的。

——这究竟是怎么回事儿？谁是罪魁祸首？我曾经令谁如此痛恨？直到今天，这仍然是一个谜。当然，时过境迁，我也早就不想知道真相了。“不遭人嫉是庸才”。释然了的我今天甚至觉得，这段插曲算得上一个有趣的“故事”，一次值得回忆和咀嚼的倒霉“经历”。

吃错药了

预考过后，班级就像刚刚经历过一次惨烈的战争，减员严重。本来100多人的超大班级，只有40来人“活下来”，还有资格冲刺神圣的高考。偌大的教室陡然变得空旷、安静了许多，后来干脆让我们搬进了教学楼内的普通教室。预考幸存下来的，都热爱学习，都有些实力，都满怀希望，大家颇有点儿惺惺相惜的味道。同学之间的关系，不知不觉间变得融洽、温馨了许多。

不过，通过预考，只是万里长征走完了第一步。更严峻的考验还在后头呢！

这个时候，所有的课程都已经学完了，进入了全面的复习迎考阶段。老师也不再按时讲课了，只是时不时地溜进来，或者默默地慈祥地注视着大家，或者轻声地为有疑问的同学答疑解惑，甚至颇为友好地与大家谈天说地，给大家减压，指点迷津。教室里的纪律好极了，既没有人高声喧哗，也没有人调皮捣蛋。互相有好感的男生女生也以大局为重，将感情暂时搁置起来了。大家都抖擞精神，默默地进行着最后的冲刺。

不过，相对平静的气氛下，掩盖的是更为惨烈的竞争。这时比试的，更多的是耐心，是毅力，是内功，是健康！

随着大考的日子一天天临近，越来越多的同学睡不着了，神经衰弱、失眠症在班级内广泛蔓延。一些有经验的同学早就悄悄借助药物了。我也赶时髦，开始睡不踏实，于是学着大家的样子，去公社医院开来了安眠药。根据医生的建议，我买的是一种瓶装的安眠药水，每晚临睡前喝一汤匙。我没有汤匙，于是因陋就简，每次就喝一瓶盖儿。其实，我是否需要吃安眠药，吃了之后效果怎样，我自己并不清楚。我只是“随大流”“跟随跑”，生怕被睡眠问题拖了后腿。

宿舍依然是每晚十点熄灯，而我们只争朝夕，至少都会坚持到十一二点才睡。一天临睡前，我照例摸黑拿出药瓶，准备喝药。可是，那天晚上没有月亮，不见星星，宿舍里漆黑一团，真的是伸手不见五指，药水不容易倒进瓶盖儿里。而当时我已经全身心投入地复习了一整天，人困马乏，急于睡觉，便仰着脖子，直接将安眠药水往嘴里灌。第二天早晨，我在恍惚中发现，整瓶药水都被我喝光了！

这时，距离高考只有一周多时间了。当局者迷。我自己并不清楚，喝药前后我有什么异样。每天，我依然按时作息，随同学们一起到教室复习，趴在书桌上做读书状，只是脑袋里昏昏沉沉的，晕晕乎乎的，像有个无形却沉重的网把我罩住了一样，怎么都摆脱不了。我真想有一种法力，像扔掉一顶紧裹在脑袋上的帽子一样，将头脑中糨糊般的昏沉一把抓起，恨恨地、彻底地扔到爪哇国去！时间一天天无情地流逝，高考的日子越来越近，我其实并不清楚，自己一直处在半昏睡状态。直到高考前第二天，我的父亲按学校的统一要求，从老家赶到学校帮我挑行李，看到我神情恍惚，精神萎靡，才将我送进了附近的公社医院。医生弄明白原委，给我吃了一些“解药”，我才逐渐地缓过来，脑袋清醒了许多。

谢天谢地，我醒得还算及时，没有耽误高考。虽然考前忐忑不安，充满担忧，考试前一天的夜里，几乎整夜无眠，令考试多少受到一些影响。但是，第二天、第三天，我就睡得比较踏实了。因为事关命运的考试的刺激，我在考场上还算“忘我”，发挥也一天比一天正常。只是我不知道，考前昏睡的那一周，对于我的高考是福？是祸？是彻底放松养精蓄锐？还是耽误了临阵磨枪？

其实，这一切都不重要了。因为，考卷已经不可能更改，高考已经尘埃落定了。我就安静地等着命运的安排吧！

1977年，万众瞩目的高考考场

被分配的“志愿”

在“摸着石头过河”的改革年代，高考的游戏规则也并不是一成不变的。令人失望的是，相关的教育机构一开始便懒得认真做“顶层设计”，而是“顺应改革潮流”，或以改革的名义，不断地随时、随意、有选择地修改高考规则。民众反应最强烈、最应该大刀阔斧改革的，诸如考试内容僵化死板、扼杀创造力，不同地区录取率不平衡、不公正，录取过程不透明、易被操纵充斥腐败……往往千呼万唤也死扛着不改。而一些可改可不改，甚至不能随意改革的，则大动干戈瞎折腾，而且反反复复，令人捉摸不透……

我所参加的1983年的高考招生，程序上便进行了一次不大不小的“改革”：考生需要先估分，填报志愿，然后再判卷，公布高考成绩，进入录取程序。不知道是什么样的高人、依据什么原理设计了这种充满赌博色彩的“游戏”。这种复杂、多变的赌博“游戏”，对决策者和设计者可能“趣味盎然”，或者还有利于某些人操控和腐败。但是，对我们这些孤陋寡闻、懵里懵懂的农家孩子，却是一个超高难度的挑战。——我们这些农家子弟无权无钱又无势，而且脑瓜不灵信息不畅，不知道怎么自我定位，心里只是期盼公平一些，来点儿实实在在“硬碰硬”的！被高高在上的官僚机构和大人们稍一忽悠，我们不知深浅，一不小心自己就掉坑里去了！这种具有赌博性质的通过估分填志愿的做法，令许多同学的命运出现了难以预料的变化。

学校和班主任老师似乎不害怕赌博。老师们毕竟经历过风浪，见多识广，有人甚至可能觉得，愈是复杂，愈是赌博，便愈显其权威性。为了提高第一志愿的成功率，争取让更多人考上公认的一流大学，“为校争光”，学校和班主任老师真可谓煞费苦心。经过一番高瞻远瞩的“深思熟虑”，学校和班主任老师提出了一个“避免校内、班内竞争”的战略方案。老谋深算的班主任老师运筹帷幄，决定替大家做主，对所有同学的第一志愿统一进行分配！

在等待分配的日子里，我在“旁观”中惊奇地发现，一些同学异乎寻常地忙碌起来，老师的房间神秘而又热闹。后来我才想明白，这是事关人生前途和命运的分配，马虎不得，将就不得。有些复读生本就与班主任老师熟悉，平时走得也比较近，这时候常常跑到老师那里，私下嘀咕一番。我就曾经亲眼看见，有几位同学缠着班主任老师，反复地商讨，一定要挑自己喜欢的志愿。而我呢，平时比较内向，不怎么敢说话，不太擅长与老师私下交流，同时，班主任老师又异常忙碌，没有想到征求我的意见，或者，根本就多一事不如少一事，懒得征求我的意见，以免横生枝节。因为我是文科应届生，之前成绩最好的时候，也就是最近的预考，名列全班第四，因而综合权衡，北大、人大、复旦之类文科顶尖高校就没有我的份儿了。——当然，我和许多同学一样，根本就不知道“统一分配”的原则，以及大权在握的老师是如何综合考虑、统筹安排的。

大家瞩目的分配方案并不张榜公布，甚至在班内也不公开，而是由班主任老师私下一对一地宣布。他将同学们一个一个叫到房间里，分别“谈话”。轮到我了，班主任老师叫我过去，淡定地、简单地通知我，分配给我的第一“志愿”是北京师范大学。他没有说任何理由，看样子，似乎不想多说一句话！看那木然的神态，听那坚毅的语气，根本就没有任何商量的余地！——其实，那时的我特别内向胆怯，一直不敢当众说话，更不知道如何组织和管理，因而我个人觉得，抛头露面的教师职业并不适合我[①]。而且，那时的教师尚处于知识分子“臭老九”的阴影下，不太受人尊重，影视剧里的领导还在提拔教师当营业员呢！特别

① 师范大学毕业前安排有真刀真枪的实习环节，要到中学当班主任，讲授N节相关课程。同学们见我实在内向且羞涩，不客气地公开调侃我，觉得我当个“副班主任”比较合适。我私下也觉得，如果真有“副班主任”一职，默默地做些卖苦力的辅助性工作，其实也是善莫大焉的选择。

是，我那在底层苦苦挣扎的家人，包括指望我出息后“拉一把”的亲朋好友，谁都不乐意我去当无权无势无钱的“教书匠”。但是，那些平时排名在前、久经沙场的复读生鬼主意多，几乎没有人愿意选择师范院校，学校和班主任老师的权威我更是不敢冒犯，因而名气尚可的“北京师范大学”不分配给我，又能强“塞”给谁呢？

当然，一个来自偏僻乡村、一心想跳出“农门”的农家子弟，如果能考上北京师范大学这样的名牌大学，也算是“烧高香”或者说“祖坟冒青烟”了。何况，高考成绩尚未正式出炉，根本就不晓得考不考得上呢！此外，师范院校不用交学费，还有穷小子们看来可观的补贴，正好可以减轻父亲的负担呢！因此，我虽然心中不是太情愿，或者说，很想自己做主挑个可心的“志愿”，但还是默默地选择了服从，一句话、一个字也没有多说。其实，这个时候，“人在屋檐下”，又能说些什么呢？又能拿出什么过硬的理由呢？又有什么资本与学校的“战略”对抗呢？——当然，具体报考什么专业，因为与同学之间不存在竞争关系了，老师就潇洒地挥挥手，很大方地让大家自己选择了。我自己感觉，我的数学成绩应该不错（与中考时一样，只错了两道填空题，同样一出考场就意识到了），因而第一志愿便自主填报了经济学系。当时我打的“小算盘”是，这是文科中离“科学”最近的一个专业了，诺贝尔奖还包括经济学呢！

“志愿”被篡改

高考成绩终于出炉了：我考了506分（总分640分）。不出我的所料，数学最高，116分（满分120分）。在这所多少有些没落的重点中学里，我的排名是文科第一。这也是与复读生们合班后，我第一次独占鳌头。在全县的名次虽然不详，但应该能够名列前茅。至于在全省的排名，那就不是我们所能知道的了。——全校的理科呢，第一也是我的初中同学，家乡远近闻名的才子——从黄土店中学一起求学八中的王德保。他如愿地被清华大学录取了。

我在学校，也算是中规中矩的好学生，没有偏科，政审合格，体检合格，不存在什么影响录取的“隐患”。后来，听说班上的第三名已经被中国人民大学录取，而我的成绩超过北京师范大学在湖南的录取分数线不少，于是，我便在家里一边“面朝黄土背朝天”地“修理地球”，一边静候北京师范大学的录取通知书。

可是，临近九月，附近一些收到通知书的学生都在准备入学了，我这里却一点儿动静也没有。酷热的夜晚，辗转难眠，许多怪念头闯进脑海，怎么也赶不走，使劲儿折磨着我。我懒洋洋地躺在床上，心里默默地一遍遍祈求，祈求第二天会传来好消息。日复一日，我实在按捺不住了，于是决定去一趟学校，“亲自”问问结果。我问父亲要了点儿盘缠，徒步走到镇上，换乘了两次长途汽车，匆匆忙忙赶到学校。到学校一打听，教务处值班的老师说，通知书早就来了。他小心翼翼地“顺口”强调说，曾经给我们公社打过电话，不知道哪个环节出了问题，可能是公社忘记通知我了。然后，他有些怪怪地看了我一眼，轻声对我说：来的是“湖南师范学院”的通知书，专业是政治系。

“分配”给我的“志愿”是北京师范大学，为什么又变成了“湖南师范学院”的通知书呢？

原来，高考后，我们班的政治老师到省城开会，据说能够看到全省学生估分的情况。他见不少人的估分比我高（我生性谨慎，估分偏向保守，只是实打实地估了485分），便当机立断，自作主张，将我原来的志愿抹掉，改报了同样是“提前批”的“湖南师范学院”……我从他人嘴里听着有关我自己的“传奇故事”，吃惊得合不上嘴，半天也回不过神来。

拿着那张简陋地写着我名字的通知书，我有些不知所措，更有些不甘心。一个人正在校道上徘徊呢，恰好看见尖脸、瘦削的政治老师翩翩走来了。我鼓起勇气，急步上前问他，为什么改我的志愿，为什么改了也不通知我？他见状一怔，不悦地白了我一眼：“湖南师范学院政治系有什么不好？我就是湖南师范学院政治系毕业的！”说完这两句，他便懒得理我，气定神闲地扬长而去，留下我一个人愣在那里久久地发呆……

直到今天，我仍然没有弄明白，这期间究竟发生了一些什么，一位政治教师是如何做到这一切的。号称严肃、公正、规范的高考怎么可能发生这样莫名其妙的事？他在省城是如何接触到我填写的高考志愿的？他又如何能够私自篡改一位考生的“志愿”？难道就没有基本的录取规则吗？难道就不需要经过一定的手续和程序吗？难道就没有任何机构、任何人审查和监督吗……

这位政治老师颇为自负，操一口带点儿湖南口音的“广东普通话”。他似乎在县中学政治教学方面有点儿地位，说话、办事透着一种莫名的张狂和“牛气”。他的教学方式“简单而实用”，颇具“中国高考特色”，甚至变本加厉，无所不用其极。例如，上课时，他基本上不进行内容讲授，只是让大家死读书，读死书，一字一句地死记硬背“要点”，然后经常地、反复地、没完没了地考！考！考！我很厌恶这种极端、无人性、不讲理的灌输方式，平时心里特别烦他，从来不愿意与他接触，哪怕是和他说一句话！可是，我并不是一个性格张扬、外露的人，他根本不知道我隐秘的心思，更不可能知道我不喜欢他啊！他为什么如此这般地“关心”我呢？他应该没有任何理由和我过不去啊！——后来有同学“客观”地分析，他也许是出于“好心”，怕我名落孙山，无学可上。可是，仔细想一想，完全不至于出现这种情况啊。因为，我的志愿还有很多选择啊，我也绝不敢填不服从调剂啊！我着实有些愤怒了，同时也感觉茫然无助，对这样的“好心”长时间想不通。

或许，这就是命运吧！我，还有我那谨小慎微、逆来顺受的父亲，都不知道是否可以反抗，以及如何反抗。对于小老百姓来说，有点儿委屈也只能自己慢慢消化了。就这样，我心不甘情不愿地成了湖南师范学院（次年改为湖南师范大学）政治系的一名大学生，连大队慷慨许诺的“大奖”——凡考上大学者，只要家里愿意“整酒”（摆酒宴），大队就送一场电影——也婉言谢绝了。说实话，我哪有什么心情“狂欢”和“庆祝”啊！况且，离开学的日子没有几天了，还得抓紧时间办理户口、粮食等麻烦的入学手续呢！

逃课标兵

上了大学，跳出了“农门”，亲戚朋友们见了，照例会恭贺几句，但我却觉得莫名的尴尬。我的情绪一点儿也调动不起来，与身边意气风发的同学们相比，明显有些消极、低沉。我依着农民天生简单的逻辑算账，总是感觉“亏大了”。依某些敢于直言不讳的村民的说法，这仅仅“比没有考上强一些”。木已成舟，当时的政策又不允许重来，特别是，我贫困的家境也不允许我“胡来”，我除了不情不愿地认命，别无选择。

坐在充满浓郁政治色彩的课堂上，看着老师们煞有介事地讲着，我一直不安定的心常常走神，有时甚至不知道飞向了哪里。无可奈何、也无比遗憾的是，刚刚度过史无前例的“文革”浩劫，人文社会科学遭受了毁灭性打击，整体水平处在历史洼地，与国外的研究基本不接轨，与中国历史上曾经达到的高度相比也很逊色。“解放”了的教师们虽然很上进，很敬业，很有心气，但因为在“运动”中耽误得太久了，大多都是现学现卖，业务水平自然可想而知。我对专业尚没有什么兴趣，觉得在课堂上所学有限，便抑制不住地消沉、迷茫，找不到自己前进的方向。

不过，我的身体里有母亲要强的基因，我也不是一个轻易服输的“农民”。没有经过太多复杂的权衡，我很早就钢牙紧咬暗下决心，一定要争口气，考到“应该”属于我的北京去。通过从小接受的“革命教育”，北京是我们少不更事时就已经矗立在心中的“圣地”；况且，学习人文社会科学不“进京”熔炼，如何能够出类拔萃攀登科学高峰？而实现这一宏伟目标，我能想到的唯一的途径就是报考研究生。

目标确定下来，一切似乎变得简单了。从此，我的大学生活便“分裂”为对比强烈的两个部分：一方面，是尽情畅快、随心所欲、毫无顾忌地玩儿，大把的时间都用在了打牌、踢球，以及同学聚会、游玩上面。玩儿的时间多了，熟能生巧，自然也会“长本领”：打牌时，往往是牌友们信得过的好搭档；踢球呢，有幸穿过系足球队的队服；同学、老乡聚会、游玩时，更是很少缺席、主动挑大梁的“常委”……甚至，我还与同学一道组织了一个文学社团——“岳麓文学社”，我主要负责编辑社刊《泛舟》，并在上面用笔名发表过一二首打油诗。至于必修、选修的那些课程，都是简单地应付了之，例如到了考前一个月，通过要要“小聪明”和笨笨的猛记猛背，蒙混过关。而平时，则是能逃课就逃课，即使上课，能不抬头就不抬头，能不听讲就不听讲。有段时间，我特别热衷于逃课，创下了一个自己迄今仍然“引以为傲”的“辉煌纪录”：连续15天不进教学楼！对于一位内向胆小、还算守规矩、并不打算破罐破摔的学生来说，这并不是一件容易做到的事。毕竟，那时学校的纪律尚有约束力，而且，一些认真的老师是要点名的，而一听说要点名，我就会害怕，匆匆忙忙往教室赶。如果哪天逃了课，听说老师点过名，也总会吓得好些天惴惴不安。另一方面，则是广泛地大量地涉猎各种感兴趣的知识，一门心思地准备考研。我不想接受他人插手安排的命运，怀揣着考研进京的“伟大梦想”，自然就不能自我放逐，自暴自弃。我冷眼旁观身边发生的一切，默默地不动声色地用着功。当没有人约我出去玩儿的时候，我就躲进藏书还算丰富的图书馆，随心所欲地大量阅读。或者，等大家都去上课了，独自“猫”在宿舍里，安静地看书，默默地思考……

光阴似箭，日月如梭。就这样，我最美好的四年青春时光一晃就过去了。盘点战果，自然乏善可陈。勉强值得一提的是，学业成绩还算名列前茅，各科的平均成绩接近85分，差一点儿混了个“优秀”。另外，发现并与同学们一起抓了个小偷，在校报的中缝中“露了一回脸”。不过，这一切都不重要。于我意义非同寻常的，是如愿以偿地以第一名的成绩，考上了北京师范大学哲学系逻辑学专业的硕士研究生。当时的研究生招生规模较小，僧多粥少，考上的比例自然不高，考中者还是颇受人羡慕的。当那些与我整天一起疯玩的伙伴们听说我考上了研究生，一个个大吃一惊，觉得太不可思议了，“研究生也太好考了”。可是，他们哪里知道，我并不是一个只知道玩儿、不知道用功的“嬉皮士”！我的心里有明晰的目标，我的生活中有书的位置，我用心读书的时候也并不少！考研冲刺最紧张的时候，我甚至看书也将嗓子“看哑了”！

今天，回首往事，我依然怀念湖南师范大学的自由、宽容精神，并对此充满了由衷的感激。人不能忘本，也不能没有感恩之心。要知道，那个时候的教育资源十分紧张，而像我这么不知珍惜，这么肆意“挥霍”，这么“不懂事”，实在是暴殄天物，实在是太不像话了！我必须感恩且铭记，湖南师范大学以一种另类的方式“培养”了我。

“孙逻辑”

政治系的课程极为庞杂，除了公共课和师范训练之外，主要包括哲学、经济学和科学社会主义三大类。同学们毕业时拿的学士学位都不一样，有“哲学学士”、“经济学学士”和“法学学士”。好像就我一个人比较“另类”，毕业证上填写的居然是“逻辑学学士”——不知道为什么，似乎我们系无权授予这个学位。最有可能说得通的解释或许是：我考上了逻辑学专业的研究生，填写毕业证的人思想开小差，浮想联翩，一不小心填错了。

那么，我为什么会放弃政治学和经济学、选择报考逻辑学专业的研究生呢？其实，这里的“逻辑”非常简单。当然，这还得依照革命年代的传统，从我的“家史”说起。

我们家本来比较贫穷，但新中国成立前几年，爷爷到县城的沅江码头上做苦力，挣了点儿辛苦钱，置了山边薄田十多亩。新中国成立后划定成分时，因为这十多亩薄田，被划为“上中农”。“上中农”是一种尴尬的成分，既不在革命的依靠力量——“贫下中农”之列，也不属于地主、富农之类“专政对象”。可“遗憾”的是，我们生产队里既没有地主，也没有富农，因而我们家的成分就显得相对偏高。因为在政治上不够“先进”，所以在严酷的运动中往往觉得低人一头。况且，在只有十多户的生产队里，我们家还是杨、张两个大家族之外的“杂姓”，免不了家族间“非我族类”之类的倾轧。在一波又一波残酷的政治运动中，老实巴交的父亲母亲缺乏“运动天赋”，难免会遇到一些不愉快的事。例如，成为“基干民兵”暗中盯防的对象，夜里窗外可能有人潜伏、偷听（是否私下嘀咕一些反动言论），父亲当生产队会计的账簿经常被人怀疑，无端举报，一次又一次地反复核查（当然没有查出任何问题）……久而久之，他们的心里落下了沉沉的“阴影”，藏着许多不敢诉说的委屈，甚至，心底里还可能有一种深深的莫名的恐惧。这从我父亲小心翼翼、逆来顺受的处世态度中便可见一斑。我准备离家到省城上大学的前夜，平时习惯沉默、并不怎么教导我的父亲一反常态，变得对我极其不放心，严肃地板着面孔千叮咛万嘱咐，叫我出门在外一定要老老实实做人，千万不要乱说乱动，千万不要和“政治”沾边！千万不要……

可是，我自己已经“落草”政治系了，又怎么可能避得开“政治”呢？说来也巧，大学一年级的时候，开设了一门基础课——普通逻辑。这门课的内容比较朴实、简单，实在没有什么了不起的。但是，它有一个令我眼前一亮的“优点”，即逻辑学没有阶级性，是无产阶级、资产阶级均可以用的“工具”，属于“纯粹的学问”。于是，我似乎并没有深思熟虑，便本能地成了“政治的逃兵”，投入了逻辑学的怀抱。当然，一位文科学生要考逻辑学研究生，就不能局限于“普通逻辑”，而必须学习和掌握现代逻辑。但是，既定的学习计划中没有现代逻辑课，需要自学。逻辑学是一门推崇心智构造的基础科学，现代逻辑的主流是形式化、符号化，靠自学掌握它可绝非易事。这也着实让我吃了不少苦头。我跑到数学系旁听数理逻辑课，打起精神听电视上的现代逻辑讲座，一个人反反复复琢磨那些符号系统……然而，缺乏必要的数理基础，习惯了文科的思维方式，特别是找不到名师指点，因而效果总是不太好，学来学去一直是一知半解。而且最令人绝望的是，由于数理基础比较薄弱，我不得不承认，自己在现代逻辑方面根本不可能有像样的作为。

不过，成功考取北京师范大学哲学系逻辑学专业硕士研究生之后，我还是发自内心地欣喜，甚至产生了一种殊为难得的幸福感。毕竟，这弥补了我四年前的遗憾，满足了我小小的虚荣心。而且，更为关键的是，我逃避了分配到基层中学教政治课的命运，获得了弥足珍贵的进一步深造的机会。我幸福地想了又想：如果这一辈子能够有一间安静的书房，能够随心所欲地读书，自主地做自己感兴趣的学问，最后出版一本自己的著作，那就太舒心、太理想、太成功了——如果这样，那我这样的穷小子也算“立言”了啊！我私下认定，这条路很适合我的性格，也很符合我的人生追求。于是，我不再像大学时代那样疯玩，而是无比珍惜难得的学习机会，每天安排得既紧张又充实。清晨早早地起床，中午有时也要听听英语磁带，周末则几乎都是在图书馆度过的。

我悄悄将自己的志向定位为“学者”。从研究生入学开始，我就用“不用扬鞭自奋蹄”的精神，默默地开始了自己的研究生涯。导师根本没有要求，但我偷偷摸索着做起了自己的研究。我自我警醒，要以一种研究性的态度、用写论文的实战姿态对待每一天。第一学期的课程本来就比较繁重，我还加选了“高等数学”，但是，我仍然在科研方面不断“加码”，见缝插针地琢磨论文，找选题、查资料、做论证、核引文、寻找对路子的报刊投稿……放寒假前，我已经完成了自己的处女作，并瞒着老师和同学们，偷偷地投给了《湖南师范大学学报》（社会科学版）。苦苦等待了一年，与我投给中国社会科学院哲学研究所主办的《自然科学哲学问题》的一篇译文，几乎同时发表了！

一年多忙碌、充实且“惬意”的美好时光，带给了我不少实实在在的收获。我闯进了神圣的学术殿堂，论文、译文以及参加编写的著作接连面世。躺在抽屉里的成品、半成品，还有好几篇。至于脑袋里和笔记本上的研究提纲，更是不断地冒出来。“初生牛犊不怕虎”。我甚至不自量力地觉得，自己已经“小有所成”了。一次次拿到“不菲”的稿费，我感觉既充实又开心，心中充满了正能量，学术方面的自信心也日渐增强。因为学的是逻辑学专业，对待学习的态度比较较真，于是，有同学便戏称我“孙逻辑”。“孙逻辑”的称呼，尽管我从来没有喜欢过，但同学总是有特权的，一直被个别同学沿用至今。

天生我才谁来用？

1990年，硕士研究生期满，我终于要结束读书生涯、走上社会了。可面临毕业的时候，受1989年政治风波之后国内国际形势的影响，找工作那可真叫难。原本向大学生、研究生敞开的大门不少都关上了，有些即使留了一道缝儿，但有形和无形的门槛往往也很高。可出身寒门的我没有退路。我已经上了17年半的学，不能再靠年近六旬的老父亲务农养活了。我需要工作，需要挣钱，需要生活独立。我暗暗发誓，一定要在毕业前找到工作，无论这是一份什么样的工作！

我知道绝不能等待，绝不能坐以待毙。虽然我的学业比较优秀，发表的成果相对较多，但是，学校推荐、留校之类的机会，对于我来说是渺茫的。我对这类事情迟钝，似乎根本就没有认真地想过。谁叫我出身寒门、缺乏“关系”呢？谁叫我不善交际、没有进入“领导的法眼”呢？我必须自己把握自己的命运，到更广阔的天地“自己拯救自己”。

我表现出了湖南农村孩子天生的倔强，抖擞精神，疯了一样满大街到处乱窜。北京寒风凛冽的冬天，动辄摄氏零下十几度、二十几度，不少同学都躲在温暖的被窝里，通过“卧谈会”调侃时事的艰难，抱怨命运的不公。我则打起十二分精神，骑着一辆借来的叮当作响的破自行车，一家家单位投送简历，鼓起勇气厚着脸皮敲门，满脸虔诚地卖力推销自己，竭尽全力争取每一次面试、试讲的机会。因为“南方人不怕冷”，也因为贫穷而缺少冬装，我平时穿着比较单薄，骑行在瑟瑟寒风中，用不了多久，感觉骨头都冻得冰凉了。至今二十多年过去了，我似乎还能忆起当时那种寒风扑面、全身冰凉刺骨的感觉……

和今天社会的高度信息化不同，当时在求职过程中，既没有什么招聘会，也没有媒体提供招聘信息，学校、系里更没有人提供就业指导，因而一切只能靠自己，靠自己在黑暗中摸索。在这种前路迷茫、极度困难的时刻，我骨子里那种湖南人“霸得蛮”的精神张扬了出来，全北京，甚至全国到处打听，只要有一线希望就瞎闯、硬闯。后来统计了一下，在短短三四个月时间里，我前前后后“亲自光临”过的单位，大约有80多家。这还不算托人打听过的，或者请人推荐过的。不少从前闻所未闻的中高等学校，都被我“发现”并在京城里找到了。地域方面，除了北京，我还“不惜血本”去了广东、湖南。要知道，那个时候是公认的“精英教育”啊，大学生、研究生算是“天之骄子”啊！特别是研究生，在欠发达的中国还是一种比较稀缺的“动物”，本是

“皇帝的女儿不愁嫁”的！可是，时运不济，命运弄人，有什么办法呢？又与谁去讲道理呢？你总不能捡块石头去打天吧？

苍天不负苦心人。几个月不间断地折腾下来，终于有北京、湖南的四家单位同意接受我：一所工科大学，一所专科学校，还有两所省（部）党校。毫不夸张地说，类似这样的学校，至少因为专业不是太对口，上一年级的师兄师姐们根本都不会考虑的。但时过境迁，好光景早已不再，没有什么道理可讲。而且，只有我自己知道，就是“拿下”这些不尽如人意的单位，过程都颇为坎坷、心酸，几乎都藏着各种曲折的故事。最为常见的，是与一些素昧平生的同学以及其身后的支持者进行残忍的“淘汰赛”。我虽然是当事人，但属于“被选择”的对象，根本说不清其间隐秘的原委，因而这里公平起见，就不多费笔墨进行描述了。

我犹豫再三，挑选了京郊那所还算“正规”的工科大学，成了社科部的一名公共政治课教师。这个职位虽然得来不易，并令我无意中卷入了几派旷日持久的纷争，但与我的择业兴趣和人生理想相差太远了。当然，相比与我同届一起奋斗的同学们，我的结局并不算悲惨的，甚至还可以说马马虎虎。那一年，凡是没有找到单位的研究生都被“发配”原籍了，据说有的去了乡村中小学教书，有的成了乡镇基层干事，有的成了中小企业职员，有的甚至喂猪去了……不用说，更有一些长期失业，浪迹江湖，最后不知所终。我总算没有让家人彻底失望，在乡亲们只是从书本上、电影电视里见过的北京，顽强地扎下根来。在北京待得久了，我慢慢地恍惚觉得，自己已经是“北京人”了，甚至一度成了国安足球队的球迷。只是我一张口，亮出“刺耳”的“常德普通话”，“纯种”北京人就会敏感地投来异样的目光，国营商店的售货员经常懒得搭理我，嫌我耽误了她们扎堆儿聊天。我挤进京城前可从来没有想过，口音也会成为一个“大问题”，成为售货员、售票员等歧视，乃至咒骂我的理由……

“物质食粮”与“精神食粮”之争

在大学和读硕士研究生期间，作为一介书生，买书、淘书的经历似乎不可不提。

与今天的学生需要承担高昂的学费相比，我的求学生涯可谓“便宜”极了。整个小学阶段，一、二年级还象征性地交5角钱，后来“教育革命”，开门办学，实行半工半读，就完全不用交费了。好像连书本费都不用交。初中时教育已经走上正轨，每学年的学费是6元，高中时则每学年8元。每年这几元钱的学费，对我贫困的家庭来讲都是极大的负担，曾经令我老实巴交的父亲极其窘迫，压力“山”大。幸好本科读的是师范大学，研究生是计划内的公费，因而不仅不用交学费，而且政府还会发放基本的生活补贴。大学期间大约是每月22元5角，研究生阶段则增长到了每月70元左右。如果规划得当，这些钱大致可以满足最基本的生活需求了。——屈指算来，我的整个求学生涯（包括后来上计划内、不交费的博士研究生）所交的学费应该在40元之内。此外，我也没有任何自费的额外的学习开支，因为从没有上过幼儿园，没有自费上过任何形式的补习班、培训班（包括考研补习班），更不用说请家教、课外辅导之类了。

虽然我所接受的教育“廉价”得不可思议，没有向什么机构和个人支付多少费用，但我也有自己喜欢的良师益友：即书本上那些风格各异、水平一流的老师，那些素昧平生却和蔼亲切的作者。我性格内向，热衷于自己从书本学习，喜欢与那些阅历不凡、充满智慧的作者“交流”。我自认为，上学期间的阅读量还是比较大的，涉猎的范围也很广泛，从中也确实受益匪浅。——这种不拘一格的阅读实践改造了我，当我成为专职研究人员后，仍然难以自我界定自己的“专业”，而常常以学术上的“游击战士”自居。当然，这在某些爱好“打井”的资深专家看来，是毋庸置疑的缺点和恶习。

正因为喜欢读书，喜欢向书本学习，因而与大多数读书人一样，我也早早地养成了喜欢买书的“毛病”。买书成“癖”而至于“病”，原因在于自己尚且“赤贫”，吃饭问题远没有解决，但自制力实在太差，动辄掏钱乱买，以至于常常“虎口夺食”，将生活弄得一团糟。

如前所述，我们这些在偏僻农村长大的孩子，小时候就在精神文化方面“营养不良”，但是对书籍怀有一种特别的深情。毕竟，在农村“越穷越光荣”的革命年代，书籍几乎是“奢侈品”了。到城里上大学后，手边有了点儿自己支配的生活费，就有些

“心动”“手痒”，按捺不住想拥有自己的书的心情了。然而，如何买书，买什么样的书，大抵是一门学问。这方面的摸索让我交了不少学费。

当时，因为新书价格相比自己的购买力太贵了，因而我与许多穷学生一样，特别喜欢逛旧书店，逛各种特价书市，梦想着从中“捡漏”“淘宝”。每次兴冲冲地去，睁大眼睛反复地淘，多半都会拎回一包降价或特价书。等到“占有”一本书的喜悦消散，慢慢就会发现，这并不是一个“英明决定”，也算不上一个好习惯。因为，除了某些特殊专业或具有专业眼光的人之外，逛旧书店或特价书市并不“合算”，买来的往往不是自己最需要的书。而且，在大多数情况下，图书之所以被降价处理，说明已经不是最好的书，甚至不是最应该读的书了。何况，经常因为价格便宜，还可能买回一些可买可不买的“鸡肋”，既没有地方存放，又不值得认真阅读，令人徒伤脑筋。

众所周知，买书总是需要真金白银的，而当时我们穷学生的钱包实在太瘪了。这导致的直接后果，就是不断地无情地挤压自己有限的“物质食粮”。北京师范大学的校园设计得挺“有趣”的，书店开设在食堂的前面，“物质食粮”与“精神食粮”整天直接交锋。20世纪80年代后期，书店已经有市场意识，学会了做广告，总是将一些诱人的新书“广而告之”，甚至摆在店门口“诱惑”穷书生们。上食堂经过书店的时候，许多穷学生常常经不住诱惑，自觉或不自觉地走进去“随便看看”。特别是吃饭去得早了，食堂尚未开门，更是习惯于到书店“随便逛逛”，消磨时间。要命的是，可恨的是，书店的经营灵活极了，居然可以接受饭票！于是，一次又一次，我的饭菜还没有买，就忍不住将饭票换成了书。至于吃饭呢？就只好向同学借点，或者随便将就将就了……这似乎有些“逆天”了，连“民以食为天”的铁律都被破坏了！

等到毕业，走上工作岗位的时候，盘点自己的家底，发现除了十来箱书，我几乎一无所有。那年我24周岁，是即将走上讲台、为人师表的年轻教师，但没有一件像样的衣服，没有一件值钱的家当，甚至连最基本的生活必需品，也是能凑合就凑合[①]……当我报到之后，拖着这十来箱书、挤进一间集体宿舍时，引得教授外语和计算机的两位同室兄弟围观了半天，充满同情地发了一大通感慨！协助我“搬家”，陪我报到的是我的中学同窗杨进先生。他是一个厚道、细心的人，已经工作两年了，颇有些社会经验。他没有和他们一起围着书箱感叹，而是悄悄观察起宿舍的情况来。然后，他什么也没有多说，偷偷溜了出去，跑到校门口的

① 我的母亲去世太早，没人训练我打理自己的生活。我的生活要求低，自理能力也差，常年都是“穷对付”，一直维持着极为寒碜的生活水平。参加工作后，我唯一的床单中间破了一个洞，后来洞口越来越大，看着实在有些不好意思，但我一直将就着。后来有一天，我蓦然“发现”，买个便宜的床单只需要区区10元钱！瞬间觉得我的节俭完全没有意义，真是白白委屈自己了！

商店给我买了顶单人蚊帐，说是送给我的“礼物”，庆祝我结束一贫如洗的读书生涯，走上自食其力的工作岗位。闷热的夜晚，躺在床上，我蓦然意识到，这可真是一份“及时的大礼”——因为宿舍是一栋破旧的老楼，我们的房间在一楼尽头，阴暗潮湿，加上男生宿舍卫生状况也比较糟糕，因而蚊蝇极多，“蚊海战术”实在太可怕了！那天晚上，听着蚊群不间断的示威声和攻击声，我辗转反侧，久久难眠，心里狠狠地想了又想，穷书生的“敌人”怎么这么多啊！

逃离公共课

我本无意政治，梦想远离政治，结果却阴差阳错成了一名公共政治课老师，主讲马克思主义哲学原理，以及逻辑学、自然辩证法等课程。命运之神似乎又在捉弄我，存心跟我开玩笑。我都不敢告诉我那不准我“碰政治”的父亲，我在大学具体做什么，以免老人家徒劳无益的担忧、伤神。在熟识的同学、朋友面前，我也只是坚称，自己像《围城》中的方鸿渐一样，教授的是逻辑学，以免被人没来由地“同情”。

没有大学生不知道公共政治课是怎么回事的。它对教师是一场刻骨铭心的考验，特别是对我这样的“功力不逮”的年轻教师。一次次站在偌大的教室里，看着满屋子无精打采、没有什么兴趣的青年学子，我常常忍不住心痛，甚至感到心里发慌。我知道并且能够真切地体会到这些青年学子们的心情。当年诸如此类的“必修课”，我也和他们一样，是能逃就逃、能不听就不听的。我当年的表现甚至远远不如他们中的大多数人。我不想粗暴地强迫大家，也不愿不负责任地误人子弟。我努力地发掘那些哲学命题的意义，想让学生们体味到哲学中蕴藏的“智慧”，感受到哲学的神奇力量。我挖空心思地尝试各种方法，希望能够“独辟蹊径”，“杀出一条血路”。我下的最费时费力的笨工夫，是认认真真、工工整整地备课，然后将厚厚的讲稿基本背下来，以便“盯”着学生们脱稿讲授。这样既可使讲授更加熟练自如，也会给调皮捣蛋的学生持续的威慑力。此外，我还精心设计了各种各样的授课方案：给会计、管理专业的学生结合国内外的经济现状讲授，给计算机、自动化专业的学生结合思维科学、人工智能和互联网讲授，同时，找来各种各样的电教片、宣传片，开展形式多样的社会调查和社会实践，增加师生及学生之间的互动环节，甚至还在课堂上举办过讨论会、辩论赛……然而，遗憾的是，无论如何努力，效果时好时坏，根本没有保障。这可真的是太为难自己了。有时，比我年轻不了多少的学生们见我如此卖力，如此“在乎”，忍不住好心劝慰我：“老师，这门课与我们的专业毫无关系，我们实在不知道为什么要学”；“老师，我们上课不听讲，真的不是对您有意见……”可是，这是我的职业，我的饭碗，我对社会的“交代”！我出身农民，就像千百万朴实的老农一样，不能容忍这种没有收获的耕种！

对于未来，我曾经有过各种各样的设想，却从来没有预料到，经过十七年半的寒窗苦读，走上工作岗位之后，会面临如此困顿、尴尬的处境。我感觉，自己的劳动远不如一位老农，一位环卫工人，一位食堂的“师傅”……虽然他们干的体力活儿不复杂，或者说有些单调，生产效率也不高，但毫无疑问，他们从事的是社会不可或缺的“有效劳动”，早已经获得社会的认可，完全有理由受到社会的尊重。而我呢，发现自己的工作并不受欢迎，甚至经常在做“无用功”，有时还装腔作势地惹人厌。我一度觉得，自己已经误入歧途，再也无药可救了。我苦闷、彷徨、犹豫了很长一阵子，似乎看不到任何希望。我实在不敢想象，如此挥霍青春，如此终老一生，怎么对得住自己的良心，怎么向我们那个偏僻山村的父老乡亲交代？

在强大的生活（几乎每月都入不敷出）和工作压力下，我的心中充满了委屈，有时甚至是悲苦和无奈。但我不甘心。我一遍遍地念叨：“苦难的人没有悲观的权利！”我打心底里不想向命运低头，再次倔强地想到了“逃跑”。思前想后，自己出生贫苦农民家庭，没有豪赌的资本：既不敢辞职下海，也不敢贸然改行，比较保守且符合我这种偏重“向内用功”的人的选择无疑是考博士，继续“深造”，蹿上一个更高的台阶。而且，当时我已结婚，两地分居的无情现实也给了我无边的压力，逼迫我或者考博士，或者谋求调动，以便改变包括没有资格分房的窘迫处境。

供职的学校只管拼命“用人”，压根儿就不理会我强烈“要求进步”的心情。管事的学校领导甚至不合常理地声称，我完全能够“胜任”工作，一点儿都不需要再“提高”了。——领导的说法“境界”不高，从逻辑上也说不通，但也并非空穴来风，似乎多少有些事实支撑。毕竟，在为数不少的普通大学里，混日子的人不在少数，岗位的职业要求并不算高。例如，在我供职的那所普通的工科大学，我的工作态度相对而言，已经算得上“敬业”了，工作业绩也还不错：每年都有数量不等的学术论文发表，教学效果相对比较稳定，听从领导的吩咐打杂、跑腿更是家常便饭。当我走上工作岗位一年多并且还是稚嫩的“助教”的时候，就被慧眼识珠的领导“发现”，“不拘一格”地“提拔”为“学科主任”了，“管理”着几位比我年长、职称比我高的讲师和副教授，而且，在全校各层级干部的摸底考核中，据说我还颇受好评，名列前茅。

但是，我清楚地知道自己的处境，我心里依然有自己的梦想。我顽强地憧憬着，希望做一点儿受尊重、“有尊严”的事情，我希望生命的汩汩流逝会换来实际的“意义”。为此，我必须不停歇地努力挣扎，自己“扼住命运的咽喉”！我克服天生的胆怯，强迫自己拿出勇气，投入大量的时间和精力，软磨硬泡找关系，终于让学校讲了一次“人道”，给了我一次报考博士研究生的机会。当然，这所学校可不是慈善机构，主管领导无意提供“免费的午餐”，而是乘机附加了一大堆苛刻的条件：必须明确承诺，一辈子只报考一次，并且，必须考国家计划内的博士生，以免学校交纳定向或委培费用。一旦考取，不得转人事关系之类，以便上学期间不耽误干活，学成之后继续报效学校……在社会转型时期，法制不完备当需要管卡下属、与民争利时，个别基层领导确实具有高超的智慧，具有大无畏的气概。他们完全淡忘了“为人民服务”的宗旨，头脑中装满了“搞定”平民百姓的“土办法”！而如果你表示“不服”，大约既没有意义，也绝对“不行”！①

① 几乎每个人都曾深受腐败、特权、官僚主义之害，这也是今天中国强力反腐广受普通百姓欢迎的原因。

结缘价值论

争取到了宝贵的报考机会，我一下子紧张起来：紧锣密鼓地打探消息，选择合适的报考学校、专业和方向。那个时候（20世纪90年代初），博士学位点、博士生导师的审批权还在国务院学位办，可能的选择实在是少之又少。全国计划招收逻辑学专业博士生的学校，仅有北京大学、南开大学等高校。我分析了全国仅有的几位逻辑学博士生导师，无奈地发现，刚刚升腾起来的希望又要破灭了：南开大学的中国逻辑史方向我毫无兴趣，“不是我的菜”；而北京大学的数理逻辑呢，以我当时的高等数学水平和现代逻辑造诣，根本就没有任何考取的希望。

因为作过一些科技哲学，特别是科学方法论方面的研究，通过朋友介绍，我硬着头皮联系了中国人民大学的自然辩证法专业。可当我与朋友拜见那位博士生导师时，他却严肃、直接且不容分说地告诉我，因为我是跨专业（从逻辑学到自然辩证法）考生，必须加试两门专业课。而且，其中一门是加试高等数学，并提出了具体的要求——“达到大学数学系毕业生的水平”！这个突如其来的“新要求”令我的朋友莫名其妙，更像迎头一盆凉水浇灭了我的热情。我只在研究生阶段补修过一个学期的高等数学，并且已经数年不用了，大多都已经“还给”了老师！我不死心，回家后，将已经发表的20来篇论文列了一个清单，并挑选了几篇自己相对满意的带上，再次惴惴不安地敲开了老师的家门。精明的老师粗略地翻了翻，态度终于发生了明显的转变，做出了不小的“让步”：“那就达到大学数学系二年级的水平吧！”可是，这对于文科出身的我仍然是高不可攀的要求。我不是不愿意努力，而是怎么踮脚也够不着啊！况且，以前报考该专业的跨专业考生也不需要这样的加试啊！——后来侥幸考上了，无意中听同学神侃，我才恍然大悟，原来老师早就被“搞定”了。他自己早就觅得了“得意门生”，并且早早做了明确的承诺，大约是叫我知难而退呢！

提交报名表的最后一天，我的同乡好友陈波博士陪着我，在中国人民大学的校园里漫无目的地溜达着。想着仅此一次的报考机会，想着未战已败的暗淡前景，我的心中充满了无助、彷徨、悲凉，甚至绝望。热心的陈波博士灵机一动：“我们到夏甄陶老师那儿看看吧，他是我们老乡！”于是，我们抱着试试看的心态，敲开了主攻“认识论”的著名哲学家夏甄陶老师的家门，向夏老师简要地介绍了情况。听说我是常德县黄土店乡人，并且老家离夏老师的外婆家很近，夏老师热情极了，与我俩兴致勃勃地攀谈起来。我惴惴不安地表达了报考意愿，夏老师不假思索，爽快且明确地表达了欢迎之意。当我小心翼翼地提及，我是学逻辑学的，考认识论方向是跨专业，按规定得加试两门课，可是来不及系统准备了，不知能否达到要求时，夏老师的回答既高屋建瓴，又妙不可言（反正我听了感觉无比亲切）：“列宁说过，辩证法、认识论和逻辑学是一个东西，你不用加试了！”幸福来得太突然了！刹那间，我站立在那里，感动的暖流弥漫了全身。我一时除了激动，都不知说什么好了。当然，告辞后冷静下来，也多少有些将信将疑，不知道书生气十足的教授说的话是否算数，不知道这类规矩是否真的是“人定”的。在不长的复习迎考的日子里，我一直有些放心不下，做足了心理准备，一旦学校通知加试，我就立即放弃，绝不给德高望重的夏老师添麻烦。——令我惊奇的是，自始至终，居然真的一直没有老师对我提及加试的事！我因担心、着急而死的大量细胞真是太冤了！

考试就那样，在忐忑、紧张与不安中到来了。对不起夏老师的是，我本不是哲学“科班”出身，哲学基础不够扎实，临时改弦易辙，心里七上八下，准备得也不怎么充分，因而考卷答得不是太理想。考最后一门“中西哲学史（含现代西方哲学）”时，我一见到考题就傻了。这门课涉及面广，而考题却有点儿“跑偏”，基本都不在我粗略准备的范围内，于是我冲动地想“弃考”回家。我没有立即退场，而是百无聊赖地坐在考场，与友善的监考老师有一句没一句地聊起天儿来（最后一门，老师也不那么严格了）。整整聊了15分钟，在监考老师的劝说下，想到仅此一次的宝贵机会，我才平复了一下苦涩的心情，硬着头皮、强打精神答起考卷来。不出所料，考试结果比我参加的任何重要考试都要糟糕。尽管我怀疑老师判分时已经手下留情了，但也只是勉强上线，并且在报考夏老师的考生中“屈居第二”。中国人民大学哲学系实力雄厚，博士生导师比较多，每位老师只有一个招生名额，有心招我的夏老师也犯了难，一时间踌躇难决。我自己呢？有些不好意思，有些心灰意冷，更不知道如何“收场”，就像一个战败且身心受伤的士兵，干脆请了几天假，躲起来“疗伤”去了。

正巧，就在这当儿，从事价值论研究的李德顺教授的博士生导师资格获得了批准。他时任教研室主任，参加过我们的复试，对我的印象尚可。他对我的逻辑学出身感兴趣，对我的硕士论文关于直觉、非理性的讨论感兴趣。尤其“另类”的是，他“居然”认为，我“原本不是学哲学的，在哲学上差不多是一张白纸，不会受既有的哲学框架的束缚，适合从事与传统哲学理论不一样的价值论研究”！因此，李老师向夏老师明确表示，如果将我调剂给他，他愿意做我的指导老师。而且，令人感动的是，李老师还十分负责地托人到处寻我，问我是否愿意转到他的门下。——要知道，在事关命运的人生转折关头，决策者想到要征求“我本人的意见”，这在我的生命历程中还是头一次！

主要因为我“不懂哲学”“近乎白纸”，因为如此不合常理、“稀奇古怪”的原因，我无比幸运地“中举”了。这可真是天下罕有的奇闻，是我做梦都不敢梦到的事！这完全超出了我的想象力，简直就像“天上掉馅饼”，并且破天荒第一次砸在我头上啦！事情发生得如此突然，如此出人意料，我激动得有些不知所措，不知道如何宣泄自己狂喜的心情。我身边那些喜欢“看热闹”、考前讥讽我“不自量力”、早早就判定我“没戏”的教授们，更是一个个惊得目瞪口呆，小心地背着我感叹不已，议论纷纷……就这样，我便阴差阳错地结缘“价值论”，成了国内第一个以“价值论研究”为专业方向的博士研究生。或许是因为有“贵人相助”，我的命运开始改变了！

“让思想站起来”

李德顺先生是“文革”后最早的一批硕士、博士，当时已是誉满哲学圈的著名中年学者。他和李连科、刘奔、袁贵仁等学者一道，开拓了哲学中的一个新兴领域——价值论研究。价值论的主要特点是将实践视为哲学的首要的基本的观点，注重主体的尺度或主体性，旨在“变革世界”，建设一个人与社会自由全面发展的美好世界。与这样一个研究方向相呼应，先生特别推崇独立的学术品格和锐利的分析方法，更具有鲜明的学术个性和不妥协的战斗精神。而这一切，恰恰正是我内心欢喜、却又不敢拥有的学术品格。

入学后，或许是因为我是第一届博士生的缘故，先生在我的身上倾注了特别的热情，令我承载着许多的期许和愿望。除了正常的上课，几乎每个星期，我都会去一趟先生家，既汇报学习情况，也讨教学习和生活中的各种问题。有时，也会遇到先生带的几位硕士研究生。见到我们，先生便立即放下手头的工作，就大家关心的一些学术和社会问题，与我们一起耐心地分析、研讨。这样的个别辅导或“讨论会”，每次几乎都会持续一个下午。通过这种形散而神不散、见招拆招式的谈话式教学，可以学到许多书本上学不到的东西。我感觉自己很快就进入了角色，摸到了价值论研究的前沿，并结合自己的逻辑学、思维科学背景，获得了一些自己的心得体会。

相较而言，内敛的我更喜欢“真刀真枪”的实战，出身农民的我更渴望见到“劳动成果”。我有点儿忐忑地向先生提出，能否合作写一篇论文，边学习边研究，掌握基本的科研技能和研究方法。先生不假思索，爽快地答应了。我以前作过一些科技哲学或科学方法论研究，结合正在攻读的价值论方向，就提出以“科学的价值”为突破口。先生稍加思考，首肯了我的选择。只是没有想到的是，这篇论文写得前所未有的艰难：我精心拟定的提纲一次次被先生质疑、否决，大半年才勉强通过；至于研究立场的确定、主要观点的提炼、具体表达方式的选择，更是反复琢磨、推敲，数易其稿。到先生最后修改定稿，投给《哲学研究》编辑部，已经一年半过去了。这次挑战耐心、挑战思想极限的“实战”，令我深深地体会到先生的严谨，也对学术研究产生了全新的认识。从此我深深地知道，真正的学术研究殊为不易，如同“闯鬼门关”，需要“脱一层皮”的。难怪马克思要唠叨，在科学的入口处，就像在地狱的入口处一样。

先生是一位立场鲜明、思想敏锐、富有主见、绝不妥协的学者。那时候，他已经完成了“价值论”的理论创建，特别推崇

我与李德顺先生在西班牙

“主体性”，一心想着“让思想站起来”，令自主、独立的思想之光照亮世界，照亮人生。他由衷地希望，我们这些年轻学子也能够与他一道，富于批判性、战斗性，对于一切僵化、保守、错误的观念、思潮都敢于“硬碰硬”。他有些“学术洁癖”，“眼睛里容不得沙子”，在战斗中总是追求一针见血、入木三分。遇到问题，或者与人论战，他总是反复琢磨，刻意寻找一个“传神”的表达（如讥讽那些“一贯正确”的人说的是“神话”，而非“人话”），不将对方“刺痛”“驳倒”誓不罢休；有时，即使因为某种原因碰壁，即使付出有形无形的代价，他也绝不愿意低头，从不愿意妥协……

记得我的博士论文答辩的时候，先生执意不肯依当时的惯例做答辩委员，坚持要陪我一起“接受审判”——以至于我的答辩只有萧前、夏甄陶（主席）、赵凤岐、吴家国、李淮春、郭湛等六位委员——以驳斥一切对于我们的观点的质疑。在大约三个小时的答辩过程中，先生不动声色地坐在我的身后，认真地聆听、观察和思考整个过程。对于各位德高望重的评委提出的意见和问题，我逐一做了简明扼要的回答，并对自己的观点进行了辩护，但依我低调、与人为善的个性，往往最后都会客气地加上一句：“这个问题我不知道理解得对不对，今后还要进一步研究。”对于此等“虚伪的客套”，先生听了极为不满，大不以为然！他甚至认为，这是在向我们反对的观点进行妥协，是学术的求真精神所不能容忍的！遵照回避程序，在走廊里等待答辩委员们闭门评议的时候，先生实在忍不住了，当着同学们板起面孔教训我：“你应该把他们全部坚决地顶回去！说那么多客气话干什么！”然后，再一次将自己当年答辩与评委吵得昏天黑地的事例回顾一遍，以此无比雄辩地证明，只要是为了学术，只要讲道理，无论如何批驳评委，弄得评委没有面子，都是没有一丁点儿关系的！

我本来自偏僻、封闭、落后的乡村，生长在一个贫困、朴实、弱势的农民家庭，从小就内向、敏感而且胆小，喜欢沉默、“旁观”和“溜边”，喜欢把自己小心翼翼地“藏起来”。经过先生的鼓励、感染和熏陶，我在学术上也逐渐变得自信、大胆，变得富有否定和批判精神，特别是变得有棱有角、锋芒毕露，有时甚至还会咄咄逼人，得理不饶人。我难以评估不同学术性格的优劣好坏，但冷静地想一想，只要心系底层，心存善良，追求真理，追求正义，确实没有什么必要瞻前顾后，患得患失，前怕狼后怕虎。毕竟，真正的学者都是热爱真理、追求真理、以理服人的，都是具有科学、理性和宽容精神的。而且，“让思想站起来”，特别是“让自己站起来”，是一个学者成熟的象征，是一个人“成人”的标志，因此，是付出任何代价都应该苦苦坚守的原则，是生命不息就应该勤勉努力的方向。

人是教育的产物。多年的教育已经将我塑造得如此这般，无论是好是坏，无论他人是否喜欢，那就这样吧！

下 篇

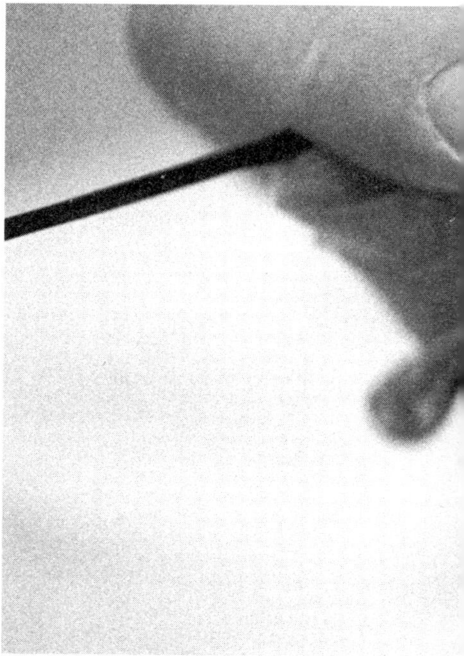

一个人的经历，用心咀嚼，就是他的思想。在你的人生中，无论是坐拥书城，授业传道，还是职场拼搏，浪迹天涯，若你都将其看成是一场修行，那么自由思考便会化为你心底涌生的幸福。

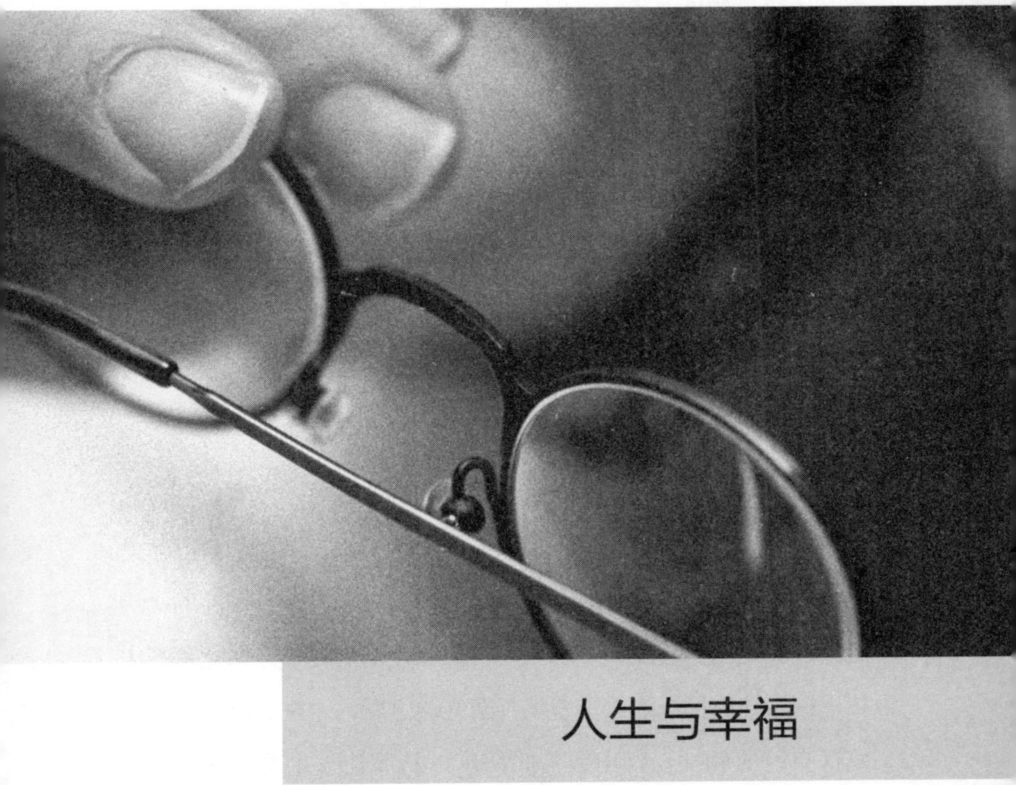

人生与幸福

每一个人的人生，都是自己的。而且，人生具有不可逆性、不可复制性。不经意间，一生就“用完”了。

如何度过自己这唯一的有限的一生，可以思考，在思考的基础上进行抉择，也可以随波逐流，做一天和尚撞一天钟。当然，谁都知道，一个人的能耐是十分有限的，命运常常会不经意地“开玩笑”。有时，人们是没有自己思考的机会和抉择的权利的，有时就是想随波逐流，随遇而安，也不可能。俗话说，时运不济，命运弄人啊！若是处在这种被动、无奈的境况中，我想，在这里喋喋不休就没有什么必要了。

抚今追昔，我不得不无奈地承认，自己的人生实在算不上成功。人生启动之后，几乎没有进行过认真的思考，没有做过什么像样的规划，人生的关键几步大多都没有走好，以至于自己常常碰得鼻青脸肿，头破血流，伤痕累累。咀嚼自己苦苦奋斗的“历史”，我无比痛心地“发现”，自己往往都是在“无知之幕”中稀里糊涂地抉择，陷入了窘境甚至绝境之后，才在心有不甘中，发挥自己的韧性，付出数倍的汗水，从而让人生倔强地活出一点儿意义来。人们都说，哲学是“智慧之学”，可是，以哲学为职业的我却莽撞极了，经常陷自己于迷惘与困厄之中。将人生

“活”得如此艰辛，如此狼狈，实在是有愧于哲学！

行进到今天的位置，我的心中依然充满了迷惘。我心里暗暗思忖，曾经的岁月真的是跌跌撞撞，“怎一个苦字了得”！我自个儿琢磨，马上就要到“知天命”的年龄了，再也不能自我放逐了，再也不能放弃独立思考和抉择的权利了！因此，我结合自己的经历，选择了若干自己感兴趣的话题，写下了以下这些自言自语、不太规范的文字。是耶？非耶？有益？有害？我也不是太清楚，还是请睿智的读者诸君尽情评说吧。

闲话“读书”

不经意间，人类迈入了新颖、神奇的信息时代，信息、知识呈爆炸之势汹涌而来。读书早已不再是有权有钱有闲人的专利，而成为寻常百姓经常而又普通的事情。拜几十年的和平发展所赐，几乎在世界的各个角落，教育、科技都在突飞猛进地发展，文盲率都在持续下降，人人都变得越来越“有文化”，甚至烦恼躲不开纷至沓来、无孔不入的“信息轰炸”。而大凡有文化、有知识的人，更是在信息时代如鱼得水，如虎添翼，风光无限。他们识字多、有“大作”、有文凭、有职称……几乎每时每刻都在与知识、信息打交道，自然应该没有不读书或者不会读书的。如果你说一个文化人不会读书，特别是说一位知识分子不会读书，那简直就是在刻薄地骂人，甚至是处心积虑地诽谤。

然而，有书读，读过书，正在读书，是一回事儿，而“会读书”，则是另一回事儿。

我敢说，“会读书”，绝非人们想象的那么简单，绝不是一件妇孺皆知的事，也不是轻而易举就能想明白的事。许多人可能读过很多的书，甚至可以亮出若干“铁证”，证明其读书有年，读书有得，读书有成。但是，如果我们冷不防较真儿地问他一句：“您认真思考过如何读书吗？”恐怕大多数人都会语焉不详，或顾左右而言他。我猜想，大多数人压根儿就没有在阅读实践中反躬自省过，许多人从来都只是“不得不读”“被逼无奈”，或者“读着玩儿”“读来有趣”，或者“看热闹”“消磨时间”……

我们不妨冷酷地晾出若干常见的“现象”，简明扼要地梳理、剖析一番。或许，从中可以“管中窥豹，略见一斑”。

认识的字多，不一定说明“会读书”。识字率高诚然可喜，可以证明一个人“脱盲”了，不过一般也证明不了更多。文字、数字、符号、图像、声音等的组合是十分奇妙的，其中蕴藏着无穷无尽的精妙变化。用不多的文字符号，就可以表达无以计数的有趣的、玄奥的、高妙的思想观点。但其中的奥妙之处，并不一定会在阅读的过程中，随着文字符号自动跳进读者的头脑。就拿专业的哲学教师、学生来说，将《易经》《道德经》以及康德的《纯粹理性批判》、黑格尔的《小逻辑》摆在面前，虽然有人识得其中绝大多数的文字，但恐怕没有几个人敢狂妄地吹牛：“我读懂了！”

发表过论文专著，不一定证明“会读书”。且不说“世风日下，人心不古”，有些人的大作是他人“捉刀”的，或者是经

“高人”“斧正”过的，就是完全遵守学术规范、由本人辛苦创作的“洁本”，也不一定能够证明什么。毕竟，自从金钱、权力之类渗透了出版过程，出版物就不可救药地良莠不齐了，甚至文字垃圾已呈泛滥之势。特别是强大的信息技术革命，更是令其泛滥、膨胀到令人无可奈何的地步。随便走进一家书店或图书馆信手翻翻，有心人往往会心生感慨：那些“厚重”“精美”、装帧考究的“大作”，很容易泄露作者不爱读书、也不大读书的“小秘密”。

怀揣烫金的文凭，不一定证明“会读书”。置身这个躁动、浮华的年代，一本正经、按部就班的读书人往往处境尴尬，有些人难免因失落、无奈而愤懑不平：“操作”出来的东西太多了，假冒伪劣如雨后春笋，屡禁不止，甚至愈禁愈烈。学界的正人君子们不时调侃的“三次博士”（报到来一次，答辩来一次，领证书来一次），就透露出了许多玄机，令人对文凭曾经的尊重烟消云散。许多本分的读书人总是爱幻想，科教可是立国之本啊，能不能在硕士、博士毕业时，严肃地组织一次全国统考：不用考太前沿太高深的内容，只要具备基础的知识素养就好！

拥有中高级职称，也不一定证明“会读书”。因为按有关设计和规定，职称往往可以由文凭、论文专著换取。由于文凭、论文专著并不可靠，那么可以合理地想象，职称可能也不可避免存在水分，即有职称者并不一定真的称职。况且，有些神通广大、能耐超群的人，其职称可以“破格”“破例”评聘，甚至从普通百姓意料不到的途径（例如“代评”）获得，因而更加认不得真。善于“超车”“另辟蹊径”的“聪明人”，占尽了人世间的便宜，有时还禁不住得意忘形，鄙视知识，看不起呆头呆脑的知识分子。因此，已经“臭了大街”的职称，与风雅的“读书”往往“不搭界”，风马牛不相及。

诸如此类的“不一定”，遗憾得很，如果需要，还可以源源不断地“举报”上来。我心里有数，冷眼观察世界、富于正义感的读者诸君，大多胸中就蕴藏着若干生动的事例，可为佐证。

如果这么多与书“结缘”“学有所成”、著述繁多、实力雄厚的“学界翘楚”“书界精英”也可质疑，那么情况就不容乐观，甚至可能比人们想象的糟糕得多。这至少雄辩地说明，读书虽然常见、普通，但也并非人们想象的那么简单，其中可能存在真假、高低、境界之别。或者说，读书实际上是有要求的，是需要用心培养和训练的一项实践活动。

走过许多弯路、吃过许多苦头之后，我们日渐明白了一个事实：读书几乎可以称之为一门学问，一门需要大智慧的学问。我们甚至可以说，读书是一门高深的艺术，一门境界有别的艺术。这门充满智慧的学问、艺术所涉甚广，例如，涉及“为什么读书”“读什么书”“怎么读书”“怎么学以致用（活学活用）”等一系列大问题。这里的许多问题，都是做大文章的好题材，一篇短文是不可能逐一述说清楚的。我想，我们不妨先易后难，先来简单地罗列和探讨一下“应该读些什么书”，或许，可以从中有所洞见，得到启迪。

读书，首先要读基础性的书。俗话说，饭要一口一口地吃，路要一步一步地走。在我们所知的几乎所有领域，前人都已经进行过艰苦卓绝的探索，积淀了或多或少但无比珍贵的知识财富。这是后人进一步探索的基础，是勇士们向上攀登的阶梯。只有站在前人的肩膀上，才能看得更远，想得更深，有新的创造。如果不尊重相关的基础性知识，或者无视基本的方法要求，那么，花再多的力气，“发现”再多的“规律”，“创造”再多的“理论”，都可能只是在沙滩之上肆意建筑。而在沙滩之上建筑，轻则是浪费社会和个人的资源，执迷不悟地“做无用功”，重则是轻狂地打造随时可能摇晃、坍塌的“豆腐渣”工程。

读书，要多读、反复诵读经典名著。经典名著是经过时间和他人淘洗的力作，是历史浓缩了的精华，当然，它也是相关领域的杰作，是大师们探索的精粹。透过厚重的经典名著，不仅可以获得许多精辟之论，和大师们亲切“对话”，还可以领略大师们艰辛求索的历程，甚至窥见大师们“不传”的方法门径……况且，书海无涯，而人生苦短，不加选择的阅读是生命不可承受之重。因此，有限的人生必须“只争朝夕”，善于选择，集中宝贵的时间和精力，通过反复诵读、咀嚼经典名著，借助卓尔不群、超凡入圣的大师们，缩短孜孜求索的历程，追求世界的真相、人生的真谛。

读书，要严肃地读读对手、论敌的书。只读自己信仰、赞同、喜欢的书，不过是一再强化自己的观点和情绪而已，对丰富、提升自己助益有限。久而久之，还可能会无视自己的缺陷、错误，令自己变得单调、乏味，甚至无缘无故地自骄自傲，自命不凡……认真揣摩对手、论敌的书，特别是那些影响较大、比较严肃的书，可以让我们“知己知彼”，顺着“他者”的逻辑，发现其头脑中深藏的秘密，至少，可以强化“对敌斗争”的针对性和战斗力。同时，也有利于我们自我警醒，反躬自问，发现自己的不足、缺陷和错误，从而不断地自我完善，自我提升。

读书，要悟读社会、人生这部大书。社会、人生既是尚未破解之谜，又深沉、博大得超出人们的想象。而人类创造的语言、文字等符号，却是极有局限的，有人甚至认为它限制了思维。况且，创作者自身也难以超脱，并不“自由”。言不由衷、词不达意、书难尽言、言不尽意，甚至“无声胜有声”的时候，司空见惯，令文化人常常处于无助、无奈、郁闷之境。或许，只有“背靠”历史，立足时代，以社会、人生为知识、智慧之源，永远不停止独立的思考和创造，才可能窥见事物的真实和“本相”，领悟人生的真谛和意义，发出属于时代和我们自己的声音。

最后，忍不住还要唠叨几句：读书，实在有必要培养一双发现的“慧眼”，以便快速地掠过无数“文字的尸体”，敏锐地进行事实判断和价值评估，准确“攫取”其中合理性的“精华”。大凡好书、经典，自存其理，自有其妙，值得人们珍视、咀嚼、参考和借鉴。但是，任何一本公认的好书，甚至一部旷世经典，都不可能穷尽真理，都不可能完美无缺，更不可能解决一切问题。如果只是紧盯着书中的缺陷和错误，如果只是痛快淋漓地挑刺和骂战，那么很有可能，书读完了，却与那些应该汲取的精华擦肩而过，甚至“入宝山而空回”，白忙乎一场。因此（不妨功利些说），为了读后有感有得，事半功倍，或者避免读后徒增烦恼，一无所获，我们必须“虚心”，必须有强烈的“饥饿感”，必须睁开“慧眼”，敢于、善于快速“汲取”书中的一切“精华”，令生命中的每一次阅读充实而有趣，真正做到“开卷有益”“不虚此行”！

影响人生的几本书

我应该也可以算是一位读书人吧？套用某种“吹牛体”自我吹嘘一下：迄今为止，读过的书不可胜数，有博士文凭和教授职称，长期以读书和写作为业，甚至自己“码”出来的文字，如果不论质量的话，几乎已经奔“等身”而去了……盘点自己几十年有时局促、有时奢侈的阅读史，我常常不禁感慨万端，有失误，也有欣喜。细细咀嚼、品味，自然也会想起一些自己喜欢并影响了人生的书。

屈指算来，世界上的书籍真是太多了，多到你根本数不过来，多到任何一座建筑都装不下。如果兼顾不同视角、不同领域的话，其中的好书甚至也超出人们的想象。但数不胜数的好书中，其实还可以筛选出更好的，甚至是必读的“经典”。在今天的我看来，如下几本中国人写的书，读它如饮甘露，又如醍醐灌顶，令自己的人生着实受益匪浅。当然，为什么仅仅提出这七本，或者说，只提及中国人写的这几本，应该坦诚地说，这没有太多的道理，在相当程度上是个人偏爱甚至当下心理活动的结果。如果不嫌麻烦的话，这个数字本来可以是十七本，乃至七十多本……

孔子的《论语》。孔子弟子记载孔子言行的这本小册子，虽不成体系，但仍然可谓奠定了中华文化之基础。少不更事时，倾心西学的我鹦鹉学舌，曾经认为它不够系统，不够深刻，对之大不以为然，但后来，当我在中日韩等国转了几圈，特别是视角重新转向中国之后，我蓦然发现，《论语》是无论如何都绕不过去的东亚文化典籍，是世界文化史上的一个里程碑。特别是从价值论的角度说，儒家价值观甚至中国和东亚价值观，都是以之为基础和核心的。中国乃至东亚的家庭、社会和国家架构以及治理模式，中国乃至东亚人的生活方式、价值观念和思维方式，都建筑在《论语》的“孝”“忠”观念和“仁义礼智信”等价值取向之上。《论语》的影响是深沉而又宽广的，有心人可以在东亚社会中发现它的无所不在，在东亚人身上发现它的如影随形；《论语》的影响又是超时空的，这种影响特别执着，也很有趣，后来“《论语》加算盘”的“儒家资本主义”，就颇令人玩味。

老子的《道德经》。《道德经》是一部大气磅礴、充满玄机和智慧的旷世奇书。全文虽然仅仅五千言，然则包罗万象，博大精深，深奥难解，令无数思想者为之沉醉，为之痴迷，流连忘返。《道德经》阐述了道家对宇宙本原和基本存在方式，事物的产生、发展、变化的规律及社会观、人生观的基本思想，奠定了中国乃至东亚哲学的基础。它的核心概念是形而上的“道”，核心思想是“道法自然”，要求人们顺应自然，柔弱处世，“清静”“无为”，通过“无为”而实现“无不为”。每位认真研读过《道德经》的人，根据自己的阅历和学识，虽可能得出自己不尽相同的诠释，但几乎无一例外，都能有所收获，有所感悟，受到深刻的启迪。

孙武的《孙子兵法》。春秋末年齐国人孙武（字长卿）所著的这部兵书，包括兵势、军形、行军、九变、谋攻、军争、虚实、作战、始计、用间、火攻、九地、地形十三篇。它是中国古典军事文化遗产中的瑰宝，也是中国哲学和文化传统的重要组成部分。它与克劳塞维茨的《战争论》、宫本武藏的《五轮书》并称为世界三大兵书。《孙子兵法》当然首先是一部兵法，但又绝不仅仅是一部兵法。在书中，孙子揭示了一系列具有普遍意义的军事规律，这些规律不仅受到军事学家的推崇，而且在经济、政治、法律、文学、艺术以及社会人生等方面，令人受到深刻的启迪。当今社会是一个竞争残酷、弱肉强食的社会，人们每一天都生活在无形战争的炮火中，想要更好地生存和发展，既需要充满智慧的策略，也需要精明对路的战术，而这一切都可以在《孙子兵法》中发现，因而有人将《孙子兵法》奉为商战乃至人生博弈中的“圣经”。

王守仁的《传习录》。王守仁是明代哲学家、教育家、军事家和文学家，因筑室会稽阳明洞，自号阳明子，世称阳明先生。《传习录》是王阳明的问答语录和论学书信集，阐释了心即理、心外无理、心外无物、知行合一、致良知等重要观点。倾心推崇此书，并不仅仅因为我在韩国成均馆大学讲授过半年的阳明心学，而是因为它思想独特乃至“改变了儒学”。王阳明继承了程颢和陆九渊的“心学”传统，反对朱熹向外穷理的格物致知说，认为圣人之道，吾性自足，只需向内（心）用功即可；圣人之学为身心之学，要领在于体悟实行，切不可把它当作纯粹的知识，仅仅讲论于口耳之间。王阳明的传奇一生，《传习录》的要旨，都鄙视坐而论道的“腐儒”，反对知行不一的“伪君子”，对已然保守、僵化的儒家学说、“儒者做人模式”不啻是一场“革命”。《四库全书总目提要》这样评价：“守仁勋业气节，卓然见诸施行，而为文博大昌达，诗亦秀逸有致，不独事功可称，其文章自足传世也。”也正因如此，《传习录》在中国或东亚哲学史上有着重要的地位，在东亚、特别是日本社会产生了持久而深远的影响。

罗贯中的《三国演义》。《三国演义》是一部断代体古典小说，讲述了从东汉末年到晋朝统一期间发生的蜀、魏、吴三国纷争的故事。那是一个名副其实的乱世，当然也是一个英雄辈出的时代。在那样一个期待秩序、却缺乏规则的时代，舞台是那样的辽阔，故事是那样的惊心动魄，感觉是那样的荡气回肠。《三国演义》最成功的，还在于它所刻画的两百多个人物形象。一些英雄豪杰被描绘得栩栩如生，令人难以忘怀，甚而影响人生：足智多谋的诸葛亮、义胆忠肝的关羽、粗中有细的张飞、执着忠厚的刘备、勇谋兼备的赵云、狡诈多疑的曹操、嫉贤妒能的周瑜、恃才狂傲的祢衡，等等。凡是读过《三国演义》的人，有谁不被诸葛亮超人的智慧所吸引？有谁不为周瑜的心胸狭隘而惋惜？有谁不为刘备的仁义、惜才所感动？有谁不为曹操的多疑、奸诈而气愤？有谁不为关羽的重义气而感到折服？有谁不为黄盖的忠心而内心敬佩？……几乎所有人都可以从中找到自己心仪的偶像，并以之为精神向导，或多或少影响自己的命运。

钱锺书的《围城》。《围城》泄露了爱情与婚姻的秘密——“城外的人想进来，城内人的想出去”。当然，这早已为世人所熟知了。但我看《围城》，更多的是“看”形形色色的知识分子。钱锺书作为一代鸿儒，对于自己所在的知识分子阵营，自有其观察的视角，自有其深刻的领悟，自有其独到的见解。特别是，他对不同类型知识分子的刻画，真的是栩栩如生，活灵活现，同时又力透纸背，入木三分。例如说，透过方鸿渐的所思所想和曲折多舛的命运，我们不难深刻地体味到穷酸知识分子的清高与自傲、卑微与辛苦、无奈与悲凉。几乎所有的知识分子，当然包括我自己，都能够在百无一用的方鸿渐身上，在方鸿渐的经历中，在方鸿渐的命运中，找到自己孤寂、落寞、萧索、不堪的影子。那些有良知的知识分子读《围城》，常常是一读三叹，愁肠百结，郁郁寡欢，即使是被锺书君逗笑了，那往往也是苦涩的笑，无奈的笑，一直笑到你咧着大嘴，发不出一点儿声音来……

金庸的《射雕英雄传》。金庸的武侠小说是“成人的童话”，《射雕英雄传》是其中我钟爱的极品。它所塑造的郭靖、黄蓉等侠义人物形象，早已经家喻户晓，成为全球华人共同的记忆。该书最令我印象深刻、念念不忘的，是其对于武学真谛的哲学化解读，对于武功境界的出神入化描写。而其中最彰显作者功力的，是能够将跌宕起伏、扣人心弦、引人入胜的武侠故事情节，与绝妙的风景名胜、丰富的历史知识、各异的宗教思想、多彩的民族习俗、风雅的诗词歌赋、怡情的琴棋书画以及深奥的哲学智慧（特别是哲学境界说和辩证法方法）等，有机而绝不牵强地融合在一起。“金迷”们一旦被诱入曲折的情节，往往心生牵念，欲罢不能，若不一口气读完，则食无味，寝不安，做事也提不起劲头。而读完之后，又令人掩卷沉思，浮想联翩，在当今功利、浮躁、薄情、寡义的社会里，油然而生一种超脱红尘，做一位除暴安良、匡扶正义的大侠的冲动。

哲学之“大用”

自“落草”哲学、以学术为职业以来，常常有人对我的职业不太理解。经常碰见人瞪大双眼问我：“什么是哲学？哲学有什么用？”“哲学研究也算科学研究？它能解决什么问题？”“看你也不算笨啊，干什么不好，为什么要干这一行？”

说实话，人们随口提出的这类“小问题”，实在过于高深，回答起来真是太难了！例如，“哲学有什么用？”这几乎是哲学家们最苦恼的难题，可以说，没有一位哲学家能够简明扼要地说清楚。而且，对于普通大众礼节性的、即兴而来的“小问题”，你总不能花一两个小时系统地论证一番吧！你也不能写篇长文强迫别人读一遍吧！

不过，被人问得多了，问得烦了，我也逐渐变“聪明”了，发现了一些简明的“答题技巧”。例如，举出一个大家耳熟能详的现象或事件，往往就能够强有力地回击质疑。有时，它还会让人觉得颇有道理，受到启迪。这会令人不再公然鄙视哲学，至少，会让人不再无休止地纠缠下去。

这类现象或事件，典型的有人人皆知、耳熟能详的“真理标准大讨论”。

“实践是检验真理的唯一标准”，这是马克思主义哲学中的一个基本命题，并不高深、难懂。然而，在“极左”年代，流行的说法是“毛主席的话句句是真理”，“一句顶一万句”；“四人帮”垮台后，华国锋仍然坚持“两个凡是”，拨乱反正难以进行。在这种情况下，“实践是检验真理的唯一标准”这个命题，虽然是简明的真理，却被从政治上否定了，至少被人为地模糊、淡忘了。正是通过“真理标准大讨论”，才冲破了“两个凡是”，冲垮了“左”的思想防线，令中国解放思想，拨乱反正，走向了改革开放的康庄大道。在这场讨论中，全民对于哲学或学术的狂热，恐怕是空前绝后、令地球人叹为观止的。当时，我所供职的中国社会科学院哲学研究所在讨论中冲在前列，发挥了社会大众不一定知晓的重要作用。例如，研究所出版的《哲学研究》杂志，一直引导着这场讨论，虽然所刊文章的专业性极强，但每期的发行量都令世人“惊诧”，居然一度高达400万册。当我还是一位大学生的时候，全靠助学金和父亲务农资助生活，穷得叮当响，居然也节衣缩食，自费订阅过《哲学研究》《哲学动态》，现在想一想都觉得“疯狂”。至于辩证唯物主义研究室负责编写的《实践是检验真理的唯一标准》（通俗讲话），先是由中央人民广播电台向全国反复广播，听众高达数亿人次，后来

“顺应群众要求”出版的小册子，破天荒地发行了2 300万册，报纸转载发行近3 000万份！在出版社印刷厂的库房门口，来自全国四面八方等候拉书的卡车排成了长龙。这几乎是冷寂的哲学从未有过的奇迹了，从中自然可以管窥到哲学的神奇伟力！

产生巨大影响的《实践是检验真理的唯一标准》（通俗讲话）

实际上，哲学影响中国的事件和现象，在当代中国并不鲜见。哲学中的许多新观念、新命题、新方法，都在极大地改变和塑造着中国，改变和塑造着每一位中国人，只是我们平时不会太在意，甚至“视而不见”而已。

例如：“以人为本”——作为一个基本的哲学命题，“以人为本”与历史上的“贵人”思想一脉相承，又是现代社会人权价值的合理引申。在现代中国，它是“中国人民站起来了”“当家做主”的内在要求。但“以人为本”成为治国理念，至少实实在在地改变了政府官员的思想和行为，改变了普通百姓坎坷多舛的命运。那种草菅人命、不把人的死伤当回事的政府官员，再也混不下去了，至少，他们有了丢掉乌纱帽的风险。有人甚至开玩笑说，一个“官不聊生”的时代终于开启了！

“人的价值”——这是“价值”的一种基本形态，也是“人之为人”的一项基本指标。在中国历史上，我们不能说全然不重视人的价值，但重视的主要是人的社会价值，即个人对群体和社会的贡献、“有用”和牺牲，而个人的利益、需要和自我价值，甚至个人的生命，似乎是微不足道的，从来没有多少人敢大胆地说“为己”。改革开放以来，让人作为一个“人”站起来，自己选择自己的活法，活出自己的个性和精彩，尽可能挖掘人的潜能，实现人的自我价值，已经成为浩荡的潮流。这也体现了现代社会的宽容和进步。

“生态文明”——它是超越工业文明的一种全新的文明形态，标志着人类文明发展的转型升级。在工业时代，秉持“人定胜天”的理念，通过科技进步、机械化和“资本的运作”，生产力水平得到了飞跃式发展，但人们付出的代价也异常高昂，高投入、高消耗、高污染的社会发展方式已经不可持续。中国必须适应信息化、生态化的时代趋势，以资源环境承载力为基础，通过系统的社会变革，转变经济发展方式，闯出一条人与自然和谐、可持续发展的新型道路。——近些年来，我们投入巨大人力物力，编纂年度性的《中国生态城市建设发展报告》进行“分类评价，分类指导”，以及合作开展农村生态文明基地建设，正是希望在生态文明发展道路的探索方面进行一些具体尝试。

“系统思维”——它是对西方分析思维的扬弃，也是对中国传统的综合思维的发展。近代以来，西方延续理性主义、逻各斯主义的传统，高举“科学”和“民主”大旗，率先实现了工业化和现代化，令重理性、重逻辑的分析思维风行一时，成为主导的思维方式。然而，随着全球化、信息化时代的到来，随着工业文明的弊端逐渐显现，那种“头痛医头、脚痛医脚”的思维方式已经不再适用了。面对前所未有的“信息爆炸”，面对各种错综复杂、不断变化的“巨系统”，综合性、系统性地思考问题，已成为思考和解决问题、引领发展方向的大势所趋。

如此等等。通过以上简略的举例分析，虽然我们仍然没有从学理上说清楚哲学的价值，特别是它作为人与社会发展尺度的目的价值，但是，我们是不是也可以说，哲学作为一种反思和批判的智慧，作为一种价值观念和思维方式，无论是对于个人还是社会，都是不可或缺的，具有难以估量的巨大作用呢？

对“学术批评”的批评

学术批评是学术研究的有机组成部分。公允、客观、深刻、犀利的学术评论，是把握问题实质、启迪解题思路、比较解决方案、检验研究成果的有效方式。

遗憾的是，当今功利、浮躁的中国学术界差不多集体性地告别了真正的学术批评。许多学者已经遗忘，学术批评也是一种“学问”。更有一些“爱惜羽毛”的学者，干脆拒绝涉足学术批评，以免与流俗“同流合污”。

通过严肃的学术批评，能够指认和发现新的学术视角、学术路径，能够首肯和验证新的学术创意、学术进展，能够指证和探讨学术研究的错漏和局限性……

它至少可以告诉我们，哪条路可行，可以发现什么样的风景；哪条路是歧途，“此路不通”。

学术批评应该是全方位、不留死角的，既包括批评他人，也包括自我反省和自我批评。毕竟，没有多少人比自己更知晓自己的研究立场、视角、路径、方法和意义，更没有多少人比自己更清楚自己的研究风险、缺陷、漏洞、不足和局限性。

善于运用自我批评武器，通过反躬自省、自我剖析、自我否定而完善自我、超越自我，功莫大焉，善莫大焉！

学术批评或学术争鸣几乎是一门艺术。如果可能，不妨以艺术创作的原则待之。遥想春秋战国那个时代，诸子百家各倡其说，不同观点相互辩难，学术的百花园中争奇斗艳，生机盎然，那是一幅多么生动、活泼、有趣的画卷啊！

可是，当今社会的学术批评或学术争鸣已经彻底沉沦了。其中，最为臭名昭著的是，有些人只会“装正统”吓唬人，“扣帽子”折腾人，“打棍子”伤害人……令自由之学术定于一尊，令宽容之精神踪迹难寻。众所周知，“一花独放不是春”，学术研究也要求内在的生态平衡啊！

曾几何时，学术批评走向了两个相反的极端：或者闭着眼睛一味地肯定，甚至肉麻地吹捧，行“捧杀”之实；或者以长官意志、政治批判代替学术批评，以“棒杀”立威。

无论是“捧杀”还是“棒杀”，都不啻是愚弄和消灭学术，其结果，必然令学术变味，令思想贫乏，令学者迷失，令社会蒙羞……

在学术争鸣、学术评论中，认为他人的观点是“有争议的”和“错误的”之间，存在着天壤之别。他人的观点与自己不尽相同，甚至截然相反，只能说是“有争议的”，而不足以判定为“错误的”。

动辄宣布他人是“错误的”，甚至“愚蠢”的，是一种自以为是的自恋学风，甚至是一种“欺行霸市”的学阀作风。

学术批评往往有其原则，甚至还有其底线。它要求具有对批评对象的起码尊重，要求尽可能地理解批评对象，做到“心中有数，有的放矢”。

那种流行的做法：先简单化、庸俗化地歪曲对方，令其贫乏、粗鄙而又充满明显的错误，几乎不值一驳，然后再趾高气扬、义正词严地穷追猛打、“批倒批臭”。这虽然“干净利落”“痛快淋漓”，但终究不过是自欺欺人的儿戏。

居高临下、趾高气扬、毫不留情地批驳古人是不公平的。因为他们是在前面漆黑一团的暗夜里摸索，是在完全没有路的地方趟出一条路来，难免具有时代的局限性和自身的狭隘性。更因为他们完成了自己的历史使命，早已经“不在场”，既无法进行辩护，也无法予以反击。

将古人批驳得“哑口无言”，无论如何都算不上一场胜利。

眼睛只是“向后看”，一味地盯着古籍、颂扬古人，认为一切“古已有之”“早就发现了”“早就发明了”，是一位学者不自立、不自信的表现，更是不成熟、不健康的反映。

“让自己站起来”“让自己的思想站起来”，自主地肩负思想和学术的责任，竭尽全力地进行理论创造，是独立自主地从事学术研究的前提。

将某些古人精心“包装”成圣人，用过度诠释的方法美化其思想，反衬当代人及其思想的愚蠢、浅薄和渺小，是一件极其无聊的事情。因为挑选的古人本可能经历过千百万年的大浪淘沙，成就功名早有公论，更因为历朝历代都有人热衷于“包装”“炒作”，古人早就被打扮得自己都不认识自己了。

毋庸置疑，现实社会中从来不缺乏愚蠢、浅薄和渺小。然而，如果真有一双“慧眼”，那么，或许也存在尚未识得的“圣人”和“真理”。

今天，许多学术评审、学术批评是一些掌握权力和资源的人私下进行的。这里，往往存在需要贯彻的领导意图，难免出现大量的党同伐异，有时充斥着各种各样的交易，更可能有滥用职权、假公济私、公报私仇……许多的“暗箱操作”都见不得阳光。

正因为机制不合理、不健全，特别是不在阳光下，缺乏有效的监督和制衡，因而许多学者被“定位”、被否定、被抛弃……但他们却毫不知情。

在学术评审、学术批评中，如果独揽评价权的人是“外行”，并且自以为是、独断专行的话，那么，学者们名誉受损、尊严扫地、人格受辱，恐怕就是难以避免的命运了！而且，在这种情况下，难免还会出现投诉无门的窘况，被评者往往只能“哑巴吃黄连，有苦说不出”。

谁都知道，这种状况既有违学术规律，又有损学术公正。可是，“百无一用是书生”，处于弱势地位的学者们又有什么办法呢？何时才能建立一种由“内行”掌握话语权的评审机制呢？

在今天充斥新旧媒介的“学术评论”中，除了某种形式的“围剿”和“批判”，剩下的是几乎清一色的“重大创新”“填补空白”“作用巨大”“意义深远”……别说几乎难以避免的错误和疏漏了，就连研究本身不可避免的局限性都“不忍”涉及。

遗憾的是，这类学术批评不过是“毫无意义的空气振动”。而且，这种“乐观祥和”的气氛还具有自慰、麻痹甚至催眠的功能。日复一日，年复一年，中国的学术研究“自我感觉”越来越好，但实则学术效率依然低下，学术水平持续地在洼地中徘徊……

相比那些违心、虚伪、肉麻、无耻的吹捧，以理服人、针针见血式的批评性评论弥足珍贵。哪怕是来自论敌“横挑鼻子竖挑眼”的批评，只要针对的是学术本身，那么同样具有不菲的价值。

发现和指认研究中的不足、错误，对学术是一种最直接、最有力的帮助，善学者自当“闻过则喜”“有则改之，无则加勉”。

在学术研究领域，最理解一位学者及其思想的，往往并不是那些同声相应、一味叫好的“同道”或“战友”，而是那些立场鲜明、态度严苛、吹毛求疵、语气严厉的“对手”甚至“敌人”。

拥有一位或多位学术上的“对手”甚至“敌人”，确实是一件既难得又“幸福”的事情。从洞察形势、把握对象、解决问题、追求真理的角度而言，学者们应该感恩“对手”或“敌人”的存在，特别是他们夙兴夜寐、绞尽脑汁、别出心裁的辛勤“付出”。

作为学术研究的有机组成部分，学术批评应该形成制度，养成习惯。

一个社会是否形成了健全、合理的学术批评制度，学者们是否养成了自觉开展学术批评的习惯，是判断该社会学术生态的重要尺度。

“向西”还是“向中”？

最近十多年，因为工作关系，我与各类“汉学家”打交道的机会比较多。“汉学”当然是一个模糊的名称，或许，有时称“中国学”更为恰当。无论如何，外国人从事跨语言、跨文化的“汉学”（中国学）研究并不容易，我很“同情”，也很乐意给“汉学家”们提供力所能及的帮助。在学习和工作过程中，我甚至与几位“汉学家”建立了深厚的友谊。

在庞大的“汉学家”群体中，有些人天赋异禀，成就斐然，十分了不得。屈指数来，利玛窦、汤若望、南怀仁、卫礼贤、侯思孟、李约瑟、井上靖、费正清、史华兹、傅高义、马悦然……这串名字如雷贯耳，令许多中国学者由衷佩服，甚至自叹弗如。

当然，也有不少“吃中国饭”的“汉学家”，经常令人“着急”，令人不大敢恭维。在交往过程中，在多数情况下，只要一位“汉学家”能够磕磕巴巴说说汉语，只要能够大致读懂《易经》《道德经》《论语》《孙子兵法》等，并能够或多或少谈出自己的观点和看法，我们往往就会不吝言辞地恭维他，夸他“汉语讲得真好”，夸他“学问实在了不起”，夸他“简直就是一位中国通”……

不过，私下里，有些学者却可能“刻薄”地“实话实说”，甚至大不以为然。其白话中文尚且没有过关呢，何谈读得懂那些佶屈聱牙的古文经典？其中的“微言大义”，如何能够理解其精髓？如何能够把握其神韵？虽然学术具有一定的普遍性或共通性，但是，如何跨越历史文化传统和生活实践阅历的鸿沟，理解“他人的问题”，并将它转换成自己的问题？此外，作为一位异族学者，如何能够在“他人的问题域”，超越中国数量庞大的本土学者群，贡献具有实质意义的创新性成果？……如果这一切质疑有其道理，那么，作为一位普通的“汉学家”，是不是会感到有些无奈，有些尴尬，甚至，是不是“入错了行”，选错了人生的方向？

由此，当然也可以反推中国数量惊人、形形色色的“西学工作者”。近年来，我经常暗暗怀疑国内方兴未艾的西方学研究，包括我自己经年累月的涉西方研究。试想，如果一位学者的外国话尚不过关，如果缺乏对西方文化的深入了解，如果没有高出“洋同行”一筹的领悟力，那么，其西学研究的方式、方法和成果，恐怕也颇为微妙，甚至玄乎得很。如果有意无意地总是去“敲那扇敞开着的门”，或者“发现”早已陈列着的“宝贝”，那么万一被人撞见了，该会令人多么不安和脸红啊！即使是付出了真诚的劳动，至于是否能够得到西方的认可，投入是否能够获得相应的回报，那就更不是一件有把握的事情了。别的不论，只要琢磨一下我们喊得震天响的“国情调研”，恐怕人们就会有所感悟。虽然我们倡导实事求是，反对本本主义，一而再再而三地强调下基层，做扎实深入的调查研究，强调“没有调查就没有发言权”，而且，许多学者真的“沉”下去了，也确实花了不少心思，下了不少功夫，可是，只要你去问一问那些实际工作者，他们仍然倾向于认为，“象牙塔”中的学者们“高高在上”“书生气十足”，基本上不了解真实情况！几乎没有语言障碍的国内问题研究尚且如此，何况跨语言、跨文化之间的了解、沟通和理解呢？

不妨以我自己的经历为例。曾经，我也是比较醉心于西学研究的，对中国传统思想不太重视，对中国的“土问题”和“土经验”不以为然。20 世纪 90 年代以来，我转向价值论研究以后，还算认真地做过十多年的分析伦理学研究，自认为也下了些苦功。忆起年复一年“啃”语言分析哲学原著的日子，我的牙齿至今仍然痒痒的，头皮至今仍然有些发麻。然而，我的英语并没有真正过关，虽然有逻辑学背景，也写过不少分析伦理学的东西，但每当我与国外相关的学者交流时，遗憾的是，他们似乎并不是太在意，常常都是一种客气、敷衍的态度。这自然也是可以理解的，我们不是常常这样对待一些“汉学家”吗？谁叫你英语没有娴熟到自如地表达呢？谁叫你没有在西方系统地发表观点呢？这种无奈的窘况，曾经令我颇为泄气，感觉遗憾，并导致我对西学研究日益丧失信心，甚至决心“改邪归正”，不再“替他人瞎操心”，而回归中国自身问题的研究。

应该说，西学作为人类文明的伟大成就，源远流长，博大精深，包含大量具有普遍意义的“精华”。特别是，作为近代以来的先进思想，西学走在中学的前面，包含着我们所缺乏的有益资源。因此，在中国对外开放、走向现代化的过程中，引进、消化、借鉴西学，包括批判和扬弃西学，都是非常必要的，“取其精华”“洋为中用”，是我们的基本态度。甚至可以说，这一切是不得不做的工作，如果封闭、自大地抗拒，或者偷懒、耍滑、糊弄，那都将是我们自己的损失。若果然如此，必将影响中国学术进步，影响“与世界接轨”，影响中国实现跨越式发展，影响实质性地超越西方。还可以说得严厉一点儿，政治性强一点儿，必将误国误民，祸国殃民！

也正因如此，我们确实需要一大批外语娴熟、学贯中西的学者，在西学方面开展系统、深入的研究，包括已经沦为笑谈的“中西比较研究”。如果其中有天赋过人、“武功深厚”的学者，能够从中国视角，或运用中学资源，对西学做出独特的贡献，那自然更是功莫大焉。只不过，对于那些待在国内、外语一般、缺乏深厚西学背景的中国学者而言，还是不妨“本分”一些，专心致志地“吃中国的饭，干中国的事”。即是说，不妨立足中国的文化传统，立足中国自身的实际，研究中国实践中产生的问题，总结中国实践的经验和教训，并在此基础上提炼、提升。或许，这样才能脚踏祖国坚实的大地，生产更加“可靠”的成果，作出更加“靠谱”的贡献。

治学的"门径"

作为一位学者，应该如何治学？

这是一个难以回避的"大问题"，但似乎众说纷纭，没有一定之规。

多年混迹于学者队伍之中，我感觉自己一直都"在黑暗中探索"，从来没有发现什么捷径，更不知道什么独门绝技。我也曾钻研过不少大师的总结，包括公认的经典论述，但一落实到自己的研究中，不是发现"学不了"，就是学了也不得要领。我大约属于那种"不开窍"的类型吧？因此，这实在是一个我没有发言权的问题。无论我说什么、怎么说，基本上都属于"毫无意义的空气振动"。

比较尴尬的现实是，近些年来，门下聚集的学生越来越多，有的学生在迷惘和困惑之中，经常带点儿强迫地要与我探讨这个问题。为了不误人子弟，我虽然感觉勉为其难，也不得不故作"沉思"状，特别是在夜深人静的时候，勉力进行一些剖析和反思。虽然为此熬白了不少头发，但所获终究有限，依然找不到诀窍。如果一定要我好为人师的话，大概只能炒炒冷饭，唠叨唠叨如下“要点”。

首先，是审慎地选择研究方向。在高度集权的计划经济时代，经常需要按照上级的指令办事，往往是没有选择研究方向的权力的。但在社会日益民主化、人们的学术自由越来越得到尊重的今天，学术研究的自主权往往掌握在自己手里了，却又为研究方向的选择费尽周折。这时候，往往可以从两个角度考虑问题：一方面，所选择的研究方向的重要程度如何？是否具有“成长性”？是否有“远大”的发展前途？1995年，当我偶遇“关于互联网的社会伦理问题研究”时，我曾经“两眼放光”，兴奋莫名，直觉这是一个极具“成长性”和“远大”发展前途的方向，因而奋不顾身地主动地“自投罗网”，并有幸成为中国第一批从事互联网的人文社科研究的学者。我至今仍很欣慰，能够与中国的信息化进程共进退。另一方面，是自己是否对选择的方向感兴趣，或者是否适合自己的特点和能力。选错方向就如同人生“入错行”了，是一位学者面临的糟糕透顶的局面。若果如此，不仅可能一辈子苦不堪言，而且还可能难有作为。

选准方向之后，必须培养一双“慧眼”，善于发现“真问题”。这里的问题的种类很多，可能是基础性的、尚未解决的“老问题”，也可能是最近暴露突显出来的新问题；可能是横亘在理论建构和完善中的难题，也可能是生活实践中面临的困难和挑战。无论如何，所选择的问题必须是切实需要解决的“真问题”。如果有人非要无病呻吟（比如，孙悟空的故乡在哪里，曹操的百米速度是多少，等等），或者立志去“敲”那些“敞开着的门”（古人、洋人或先贤已经解决了的问题），那是注定会浪费资源做无用功的。

直面问题，必须掌握和运用恰当的工具。“工欲善其事，必先利其器”。工具不仅决定着研究的效率，而且常常决定着研究的命运。当然，这里的工具是广义的，包括研究的立场和视角，解题的理论框架和方法，以及叙述方式或者语言表达方式。我自己之所以从曾经热爱的逻辑学“撤退”，最重要的原因在于，我是文科“出身”，掌握的数理工具不够用。毕竟，如果一个人数学方面的造诣有限，那么以逻辑学为业，就不仅抢不到现代逻辑的前沿，而且还可能动辄遭人耻笑。

在研究过程中，必须经常性地反躬自省。学术研究是一种尝试性、探索性的事业，很少有幸运儿能够笔直地奔向目标，挫折、失误、失败是会经常光临的。这几乎是常态，用不着担忧和害怕，关键是能够经常性地反躬自省，善于总结经验教训，尽快从挫折、失误、失败中走出来，别耽误了新的探索。即使坚信自己是正确的，也不妨多听听他人，特别是“对手”的意见。如果拒绝反躬自省，一意孤行，那么就容易将挫折、失误、失败“放大”，甚至一辈子都得与错误为伍了。学者之哀，莫大于此。

除此之外，一个人能否有所成就，那么主要就看其天赋和勤奋程度了。当然，不用说，还需要善于抓住机遇，或者说，还得有点儿好运气。我看古今功成名就者，大抵都是如此。

职称“经济学”

职称是衡量专业技术人员水平的“刻度”，也可谓是一个人的价值实现的“刻度”。虽然它“生不带来”，但活着时如影随形，死后也常常拿来“陪葬”！当一位专业技术人员盖棺论定的时候，生平介绍或悼词中是绝不会忘却其职称的！除非，它卑微得不值一提，不足以替人脸上“贴金”！

众所周知，专业技术职称是有严格的等级的，就如同官场森严的级别和等级一样。从低级（如助教、实习研究员）、中级（如讲师、助理研究员）到高级（包括副教授、副研究员等副高职称，以及教授、研究员等正高职称），每升一级，就如同自己的人生迈过了一道坎，登上了一层楼。在人们的心目中，只有上升到一定的职级，才代表人生站上了一定的高度。

自然，如同官场结构一样，职称的结构也呈现为典型的金字塔形，即低级职称人数众多，而越往上，则比例越小，人数越少。这样的结构必然导致一个局面，即申请更高一级的职称，一般都是僧多粥少，需要经过极其惨烈的“淘汰赛”。

无论是谁，若要更上一层楼，必须冲破重围，脱颖而出。而能否冲破重围，晋升更高一级的职称，不仅关系到能否获得一定的职位，而且事关专业研究人员的水平、资格、地位、荣誉和尊严，事关人生潜能和价值的实现程度，事关人生的幸福指数和快乐生活。如果一位高校教师，或者一名科研单位的研究人员，终生没有能够晋升“正高”职称，那么，往往会被人认为水平有限，事业不成功，人生有遗憾。至于其收入水平、生活质量、幸福指数，往往也不容乐观。

也正因为职称沉甸甸的分量，因而许多人将之视为自己的生命线，有人甚至看得比生命还重要！在知识分子聚集扎堆的地方，特别是在高等院校、研究机构，每年都会上演各种各样的职称悲喜剧——如果该单位足够“规范”，领导愿意每年都进行职称评聘的话。平时自视清高、骄傲处世、道貌岸然、羞于求人的知识分子，这时候难免不再“淡定”，有时甚至“像变了一个人似的”：伪造成果者有之，编造材料者有之，找靠山者有之，拉关系者有之，拜选票者有之，拉帮结派者有之，搞阴谋诡计者有之，低声下气者有之，脸红脖子粗者有之，红眼抹泪者有之，气得生病者有之，恨不能杀人者有之，真的自绝于世者也有之……这个时候，知识分子平常引以为傲的人生态度、处事原则，都被悄无声息地扔到爪哇国里去了。

当然，职称之争，争的核心还是赤裸裸的利益。毕竟，评上更高级的职称，意味着更高的荣誉、更高的地位、更多的机会，更意味着工资、津贴、住房、医疗等直接的经济利益。

20世纪90年代，某省属高校曾经有一位精明过人的副教授，以先知先觉的行动，做了一笔合算的职称“买卖”，令我们这些在社会底层苦苦挣扎的穷小子“目瞪口呆”，心灵深处受到极大的触动。那个时候，他所在的那所普通高校评定职称，比的主要不是论文，而是专著，大部头、沉甸甸的专著。因为发表过论文的人实在太多，过于稀松平常，无法一较高下，而专著呢，在当时还是与“著书立说”相联系的，显得既“厚”且“重”。可是，当时国家和知识分子都很贫穷，专著的出版极其困难，普通人连想都不敢想。因为，当时出版社的书号是国家新闻出版总署有计划供给的，数量有限，出版社尚未“市场化”，内容审查比较严格，普通人的“专著”显然得不到特殊照顾。此外，限于每月几百大洋的收入，自费出版几近天方夜谭，因为要榨干有限的生活费，严重影响生活质量，至少一家老小都不能同意。因此，普通学者即使绞尽脑汁写成了大作，也很难获得面世的机会。

不过，这位精明过人的副教授运筹帷幄，以书呆子难以想象的大无畏勇气、普通人难以承受的“巨额投资”，果断地出手“运作”了。他以超乎寻常的速度，通过“剪刀加糨糊”的方式，编写了两部勉强看得过去的“专著”，然后不惜重金，从书商手上购买了书号，每部自印了十多本“样书”。虽然印数只有区区十几本，根本不可能上市销售，但对于职称评审来说则足够了。如此一来，该君的成果明显更加“厚重”，在若干竞争者中遥遥领先。以如此势不可当之势参评教授职称，结果顺风顺水，如愿以偿。

从副教授到教授，或许直接的工资增长幅度有限，然而，看得见和看不见的“好处”却出人意料，层出不穷：奖金、津贴上了新台阶，住房医疗适用新的标准，申报项目更加有说服力，有资格指导博士研究生，提拔重用机会更多，社会地位水涨船高……哪怕是只简单地算经济账，该君的收获也十分可观。当时购买书号、印刷书稿的成本，与随之源源不断涌来的“利润”相比，已经是小巫见大巫了！眼见人家赚得盆满钵满，青云直上，洞悉内幕的书呆子们才恍然大悟，悟出其中的妙味。可惜，等到大家都明白过来，跃跃欲试，想移植其成功经验、大干一场时，这条道上已经拥挤不堪了。梦想在拥挤不堪的道路上淘金，概率就相当于坐等天上掉馅饼啦！

正因为职称具有相当丰富的“内涵”，具有相当高的“含金量”，因而广大知识分子即使有心超脱，恐怕也不得不“入乡随俗”，不懈地“为职称而战”。于是，在不同的单位，围绕着职称评聘，上演了无数跌宕起伏的人间悲喜剧。可怜的知识分子们，刚刚从史无前例的政治浩劫中解脱出来，又被扔进了一场没有硝烟、没有尽头的战斗。在这场职称战中，由于知识分子处于被审、被评、被决定的被动地位，基本丧失了自主权和主动权，经常得看评委们的人品和脸色，因而就不得不低声下气，忍气吞声，有些修养不过关的，难免斯文扫地，干出些龌龊不堪的事情来。

职称悲喜剧

每个单位的职称评审，因为僧多粥少，因为竞争惨烈，因而有时会演变成“没有硝烟的战争”，上演一部部人生悲喜剧。一想到这些，我的心里就有些不是滋味，或者说五味杂陈。迈向信息时代、知识经济时代，知识分子毕竟是社会倚重的栋梁啊！

当我硕士研究生毕业，成为某高校社科部的一名教师时，那儿的职称竞争已经白热化了。这所普通高校的教授不算多，没有多少话语权的社科部只能分到一个教授指标，竞争自然比较残酷。于是，几位符合基本条件的副教授便拉开架势，开始了旷日持久的激烈比拼。并非巧合的是，这几位副教授属于社科部的几大派系，背后各有数目不等的同情者和支持者，因而这一竞争往往演变成几派之间的“混战”。每逢评审的季节，大幕拉开，各方各逞其能，各用其计，各造其势，那可真是热闹非凡，精彩纷呈。除了常见的陈述业绩、比较贡献、制造舆论、结交权贵、拉帮结派、晓之以理、动之以情等之外，其间发生的许多故事，非常富于戏剧性，有些几近于匪夷所思。

其中一位副教授身材瘦削，看似弱不禁风，但异乎寻常地有“上进心”。大家公认，他对于教授职称最为痴迷，最为认真，有人甚至说他“已经着魔”了。为了能够评上教授，他可是苦心孤诣，殚精竭虑，用尽了心思，做足了功课。俗话说，“功夫在诗外”。几乎在任何时候，他都处于一种莫名亢奋的“战斗状态”。平时，他特别注意积累自己的“业绩”，搜集相关的证明材料，所涉内容十分庞杂，包括教案、书籍、杂志、报纸、文件、会议材料、照片、信件、学生作业、学生给老师的评分、自己的笔记本，等等。多年积攒下来，搜集的资料装满了几个箱子。或许是在家里的地位不高，没有地方“显摆”，于是只好塞在自己书房的小床下。每逢有人到访，他都要费力地把箱子拖出来，端出那些发黄的“宝贝”请人鉴赏，并配上基本固定的解说词炫耀一番：这是某某杂志，上面有我的文章，能够在这上面发表文章的，绝非等闲之辈；这是某某领导的讲话，其中的某个观点，我早就提出来了，可见是领导采纳了我的观点；这是某某重要人物何时来的信件，里面是这样“高度评价”我的；这是某某在某地某会议上，如此这般地介绍我的；这是某次会议发言后，或某次讲课后，某某对我的点评和表扬；这是某年级某班学生给我的课程的打分，以及对我的教学的评语……

评职称嘛，当然需要摆功论好，直截了当或旁征博引都十分正常，司空见惯，不应该非议，更不应该嘲讽。我自己参加职称评审的时候，也是坚持“表扬和自我表扬”，挖空心思“往脸上贴金”的。我也渴望评委们“青睐”我，空前一致地“高度评价”我。只不过，这儿发生的事情实在不“简单”，精彩的故事还在后头呢！

那是我参加工作后，第一次参加社科部的职称述职会议。会议开得既“生动”又“有趣”，只是有一股浓烈的悲怆感，有时甚至充满了呛人的火药味，令刚刚走上工作岗位的我大开眼界，“深受教育”。各位“选手”“你方唱罢我登场”，使出浑身解数，晓之以理，动之以情，竭力争取大家的同情、认可和支持。轮到这位副教授了，他立马“弹”将起来，慷慨激昂，旁征博引，陈述不可谓不“精彩”，不可谓不“动人”。蓦然，只见他打开一个早就准备好的布口袋，亮出了两件绝对令人印象深刻的“撒手锏”：一件是一床陈旧破损散发着霉味的旧棉絮。他一边使劲将破棉絮在办公室里抖动，扬起一屋子的陈年尘埃，令年轻老师、女老师们纷纷捂脸躲避；一边声嘶力竭地向大家说明，此棉絮自己盖了多少多少年，迄今仍然珍藏着，舍不得扔掉。这足以雄辩地证明，自己一生多么克勤克俭、艰苦朴素、道德高尚、令人信服！另一件“宝贝”则更具“视觉冲击力”，是一大块已经干硬、发黑的人皮。他动情地介绍说，这是当年修水利工程时，自己在工地上劳动、腿部受伤留下的“纪念”。他一点儿也不嫌恶心，一直没有舍得扔掉，而是精心地将它珍藏起来。这是他一生热爱劳动、负过重伤、不怕牺牲、贡献巨大的铁证！他将这块干枯、难看的人皮递到我们眼前，逐一请求大伙儿凝神细看，弄得大伙儿看吧，觉得恶心想吐，不看呢，又不好意思明说，皱着眉头、捂着鼻子左右为难。他表情夸张地环视一周，声音嘶哑着询问大家："大家说说，难道我还没有达到教授资格吗？"一时间，整个会场一片寂静，大伙儿面面相觑，不知该说些什么好……

地球人都知道，当年的知识分子们可是有理想、有追求的，而且也很用心，都想用职称证明自己。可惜的是，他们生不逢时，被政治"运动"耽误了太多的时光，专业研究受到了实质性的影响。一旦社会步入正轨，因为耽误而荒疏了业务，奋起直追时难度自然不小。在时不我待的紧张氛围中，有些人慌了神，用功的方向似乎也不太对路。以这位执着坚韧、不达目的誓不罢休的副教授为例。当时，评教授一般需要一部专著，可是，他只有一本与人合作、叙述某位伟大领袖的思想的书，每年他都要为该书是否属于教材以及是否算个人专著而反复地说明、申诉，不懈地与各种规定和可能的"质疑"进行斗争。后来，他终于争取到了一个机会：不知是哪位有钱人愿意赞助他，帮助他出版一本书。于是，他没费多少时间和精力，将多年积攒的长短不一的文章、包括教案等集在一起，整合成了一部洋洋洒洒二三十万字的"专著"。不过，这些文章、讲稿的内容庞杂极了，不仅内容方面大量雷同，而且体例不一，不符合学术规范，与“专著”存在明显的差距。出版社拿到了真金白银的赞助，要求并不高，但看到稿子如此模样，还是提出了不少质疑和意见，要求修改、规范之后再出版。他接到出版社的通知，一看事情比较麻烦，心里就活动开了。他当然知道这本“专著”是怎么回事，修改不会太容易，不愿意自己费力劳神，甚至自己都懒得多看一眼；他的那些狐朋狗友吹吹牛可以，下笨功夫帮助“修理”书稿，可能就没有什么人愿意插手了。无奈之下，他灵机一动，想出了一个省力、管用的“妙计”。他将一包书稿拎到我家，一反常态，满脸堆笑，许以经济酬谢，诚恳而不由分说地强塞给还是讲师的我，央求我一定帮他审读、润色、修改、校正。这位瘦削的副教授本是我多年的“苦主”，平时没少“教导”和“修理”我。比如，听说我结婚了，他摸到我住的集体宿舍，满脸诚恳地非要送我一件“贺礼”——一个破旧的小闹钟，还没等我反应过来，放下就跑。他多次“潜伏”在我的课堂，躲藏在后排高个学生后面，“专心致志地听讲”，希望捕捉到我上课时“出格”的把柄。有一次，他差不多成功了：他溜达到我的课堂，发现空无一人，立即兴冲冲地报告了教务处，说我“开天窗”（这属严重的教学事故）了；学校当即展开调查，原来按教学计划，我正组织学生在电教中心看专题片，才侥幸躲过此劫。对如此刻意“关心”我的老教师，我既没有兴趣，也没有时间跟他较劲，更懒得与他一般见识，只是因为担任学科主任，不好意思跟他撕破脸皮而已。但对于改稿这种吃力、费神而又不讨好的破事，我自然深恶痛绝，压根儿就不想答应。我实在找不出理由替他劳神，帮他分忧。可是，年近六旬的他却“不计前嫌”，将一包书稿扔在我家里，拔腿就跑，一边跑一边回头喊：“帮帮忙！帮帮忙！”看着他滑稽的背影，我感觉又好气，又好笑。犹豫再三，吃软不吃硬的我还是动了恻隐之心，花了三个月的业余时间，“好好学习”之后，给他删改、修补了一番……于是，他如愿地将自己的“专著”出版了。他也终于符合晋升教授的条件了！

那些年，几乎每个单位的职称之战都激烈非凡，常常需要通过殊死的搏斗才能如愿晋升。这一代人从左倾年代、特别是充满硝烟的“文革”走来，耽误了宝贵的青春年华，再耽误就没有机会了。而且，他们经过“革命斗争”的洗礼，都富有战斗经验和不妥协的战斗精神，勇于且善于“与人奋斗”。在这种淘汰性的竞争过程中，他们针锋相对，各逞其能，锱铢必较，寸土必争，甚至，互相贬低，互相抹黑，互相告状，互相拆台。其结果，大伙儿一起“肩并肩、手攥手”，紧紧地挤在职称晋升的门口，互相拉扯，互相牵制，谁都不得“破门”而入。多年来，知识分子的命运多舛，而有事无事，都热衷于无休无止地内耗，想想也挺可悲、可怜的。我们单位也未能免俗，大致也是这种情况。年复一年的竞争，所有的“选手”都变得神经兮兮的，一个个心事重重，郁郁寡欢，生活品质也颇受影响。最后，还是上述这位瘦削的副教授以年龄优势“拼掉”了对手。其他几位都到龄退休了，他则还有人生的最后一次机会：通过疏通与上层“大人物”的关系，“摆平”各种各样的投诉材料，侥幸地通过了教授职称评审，无比骄傲、无比自豪地“笑到了最后”。夙愿得偿，别提多么春风得意了！路上遇见我，他紧跑几步，抓住我的手使劲摇晃，激动而诚恳地对我表白：“我现在终于弄清楚了，告我状的人中没有您！我过去那么对您，您都没有告我，您真是太厚道了！”我尴尬地抽回手，苦笑着说：“我挺忙的……”

当不得真的职称

或许在外人看来，我个人的职称之路是比较平坦的。不过，因为评审过程是身不由己的，我也和不少人一样，难免有些与众不同的小故事。或许是因为自己修养不够，因而也难免“放不下”，甚至产生一些外人难以知晓的委屈。

评定初级职称——助教——之于我，可以说是顺理成章的事。因为我也算是名牌大学硕士研究生毕业，按规定，参加工作后即自动转为助教。评定中级职称——讲师——的时候，也似乎没有什么悬念。当时，我已经“高居”社科部哲学学科主任，教学、科研成果都遥遥领先，“形势一派大好”。当时，虽然我自己有些惴惴不安，心里不踏实，但实际的过程据说比较简单。一位对我友好、参与评审的评委偷偷告诉我，“你的成果比那些申请副教授的还多”，只是例行公事、走了一个程序而已。

评定副教授，我本来以为也不会是什么困难的事情。当时，基本的程序是学校初评，通过初评后，到北京市职称评定委员会进行终评。那时，我已经从中国人民大学哲学系博士研究生毕业，是学校风头正劲的文科博士。我在攻读博士学位期间，还义务承担着基本的教学工作量，即使不考虑上学的因素，也达到了教学方面的要求。至于科研方面，在这所普通的工科院校，用朋友们的话说，属于“凤毛麟角、出类拔萃”了。

可事情往往不如想象的那么简单。客观地说，问题的导火线源于我自己，因为我不是那么“安分守己”。博士研究生毕业后，我参加工作时与学校签订的合同已经过期，并没有续签新的合同，因而我自认为自己是“自由身”了，因此就申请了工作调动。我希望调往中国社会科学院哲学研究所，专职从事我衷心热爱的学术研究。申请递交之后，暴露了我的“二心”，于是麻烦接踵而至。学校不仅以“用人”为由，硬是不肯放人，而且开始对我实施各种各样的惩罚。一时间，双方僵持在那里，我“胳膊扭不过大腿”，处境是一天比一天尴尬。我的心胸不够开阔，气得自己“肚子鼓鼓的”，靠几位好友轮流请我吃饭，帮助我排解胸中的闷气，才没有精神崩溃。到了评定职称的时候，眼见短期内走不了，我按照《教师法》之类的规定，也依正常程序进行了申报。申请、填表、提交代表作、政审、述职……该我自己做的事，三下五除二很快就做完了。至于其他的事，包括评审过程，我插不上手，也不允许我插手，因而便懒得操心。无论什么结局，天要下雨，随它去吧！

一天，我正在家里埋头工作，“奋笔疾书”，电话铃急切地响了起来。原来是学校的“高评委”、日语专业的鲍海昌教授打来的。鲍教授是“双肩挑”，既担任学院的领导职务，同时也承担着繁重的日语教学，平常待人诚恳，温文尔雅，工作勤勉，任劳任怨。我们虽然分属不同学科，没有什么深交，但他一直对我颇为客气，也颇为看重。这时，他压低声音、急促地对我说：“我们正在评职称，他们不允许给你投票！你赶快去找学校领导！”原来，在投票前，当局无视教师法和职称评审规则，在评委会上武断地宣布，因为我闹着要调走，因而取消我的评审资格，命令评委们不准给我投票。善良、正直的鲍教授以为不妥，颇为不平，以需要上厕所、中间休息为由，提议中断了会议，然后急匆匆跑到办公室，偷偷给我打电话报信。对于当局可能的阻挠，我早就有所耳闻，也有心理准备，但如此粗暴的行政方式还是令我“惊诧”。我当然非常气愤（是那种“向内用功”，损伤自己身心健康的生气和愤怒），但是，无可奈何，一点儿办法也没有。我由衷地感谢了拔刀相助的鲍教授，也表达了我自己的无能为力。结果当然不用说了。可当我找学校人事处理论时，他们居然煞有介事地声称，我是“投票没有通过”；而当我要求公布投票结果时，相关负责人的官腔似乎无懈可击：“按照规定，不能给当事人看”，“没有通过就是没有通过”！

其实，被“取消评审资格”，早就在我的意料之中。在中国社会转型时期，离“法治社会”距离尚远，学校大多都号称有

“自主权”，因而制定了形形色色的“土政策”，职称之类自然在行政权力“通吃”的范围之内。漫不经心地剥夺教师的正当权利，粗暴地凌驾于职称评定委员会之上，都可以算是“常态”，大家也都习惯成自然了。但善良正直的鲍教授的侠义相助，包括事后他对此事愤愤不平的态度，还是令我感觉十分意外，感觉春天般的温暖，感觉人间自有公道在。——遗憾的是，苍天眼拙，好人命薄。没过几年，鲍教授就因为各种原因，郁郁寡欢、患上癌症、英年早逝了。当时我已调离学校，远赴韩国成均馆大学做“交换教授”，没有赶上为尊敬的鲍教授送行。回国后，我匆匆来到鲍教授的家，看着相框里鲍教授亲切、善良的微笑，百感交集，五味杂陈。我对着鲍教授的遗像深深地三鞠躬，泪水早已浸透了我的双眼……

事情的发展有时是戏剧化的。1998年，学校迎来了“决定前途和命运”的教育部本科教学合格评估。全校如临大敌，一切为评估让路，“生死在此一搏”。我当时在学报编辑部主持工作，承担的教学工作量不多，比较超脱，一副事不关己、“冷眼看世界”的样子。经过长时间精心的准备，补齐了本应存档的各种文件、教案、毕业论文、毕业设计等，学校以为胜券在握了。没想到，在北京市教委组织的“预评估”中，挨了当头一棒：一些教师的课程——包括马克思主义哲学公共课——达不到基本的要求，被亮了红灯。培养合格教师、提升教学质量可非一日之功，学校顿时陷入一片恐慌。当局当机立断，决定临时“换人”，将不合格的教师全部替换下来。一时间，学校前所未有地重视起“人才”来，到处搜罗能站住讲台的教师。校长一反常态，亲自将我“请”到宽敞明亮的办公室，诚恳却也直白地要求我不计前嫌，以大局为重，将不合格的哲学公共课接过来，为校分忧。从大局出发，也为学校这么多人的饭碗考虑，我什么也没有多说，也没有趁机提什么条件，就毅然决然地顶了上去，并拿出了最饱满的工作状态。最后，“在领导的英明领导下，通过全校师生的努力”，评估通过了，上上下下皆大欢喜。我也趁此良机，再次低调地参评了职称。各方面似乎都心照不宣，学校内部的评审波澜不惊，北京市的终评也十分顺利。我终于晋升了副教授，虽然比我自认的“应该”晚了一些。

人生跨越一个新的台阶，但我却没有什么感觉，更不敢偷偷地欣喜。我的心里不踏实，一直犯嘀咕，想着事情可能不会一帆风顺。本来，职称在中国是“终身制”的，然而，在可以随意制定“土政策”的人治环境中，一切就不那么确定了，完全可能“事在人为”。果然，1999年秋，学校终于同意我调动的时候，他们又准备拿我的职称也做一做文章。他们“解放思想”，提出了一个颇具“创意”的要求：因为职称是通过学校向北京市申报评审的，因此所有权“属于”学校，不能随便带走。除非我交纳一笔钱，否则就将我的副教授职称从档案中抹掉！而拟调入的中国社会科学院“正规”得有些死板，不能像当时的一些大学一样“灵活处理”，坚称如果不“正式”转来职称关系，也不能认可，哪怕是我手中攥着北京市的“红头文件”——“北京市高级专业技术职务任职资格通知”——也不行。几经交涉，讨价还价，我只得乖乖地向学校交纳了3 500元，买到了他们“住手”的“庄严承诺”！——或许有人会以为这不可信，因为档案管理是“严肃”的，“不可能乱动”。确实，理论上应该如此，规章制度也是如此规定的。可实际上，在调动的过程中，我的档案中的副处级职务（曾担任过主持工作的学报编辑部副主任）之类的文件，还是被学校抽掉了。其他还“少了”些什么，抑或“多了”些什么，我就不知道了。因为，按照规定，我本人是看不到“我的档案”的，也不可能有什么人征求我的意见。

今天，一看到我“珍藏”的那张“职称违约收据”，想到我的副教授职称是拿3 500元钱“换”来的，我就感到分外难堪、分外屈辱……不过，都做了这么多年的教授、博士生导师了，释然了以后想一想，也觉得这不算什么，甚至可以说是自己“过于计较”了。读者诸君想一想，能够有这样的经历，是不是还有些可笑、有趣、好玩？

故乡入梦来

我的故乡坐落在略显偏僻的湘西北，距离烟波浩渺的洞庭湖不远，是一个贫穷、落后的普通小山村。在那片颇为原生态的红土地上，我度过了自己难忘的童年，度过了大学前的青葱岁月。离开故乡的时间久了，或许是年岁大了的缘故，充满叛逆精神的青少年时代曾经抱怨不已的故乡，曾经希望一辈子远离再不回头的故乡，变得越来越魂牵梦萦，越来越渴望亲近起来。许多故乡的美景，许多儿时的欢乐，许多少年的记忆，现在又时不时地浮现在眼前，令人欲忘而不能。

记忆中令人印象最为丰满的，是故乡一年四季满目的绿色。故乡是江南典型的红土丘陵地区，雨水充沛，地下水浅，冬季温度适宜，特别适合植物的生长。一些树枝可以生根的树种，被随手往地里一插，真的可能成活，长成大树。田野山边，此花谢了，那花又放，几乎常年都能见到不同的野花。至于杂草、苔藓之类，更是四处蔓延，找不到控制其疯长的办法，以至于除草成为一项费时费力而成效不彰的工作。站在故乡的任何一个位置，放眼望去，到处都是郁郁葱葱的，雨过天晴，绿树绿草更是青翠欲滴，煞是喜人。我刚到京城的时候，看到所有的树都蔫蔫的，以为那些树都快要死了，很是为京城难过、惋惜了一阵子。这干旱少雨、雾霾难散、灰头土脸的北国，哪似江南的故乡那样，绿油油的，水灵灵的，充盈着盎然的勃勃生机！

记忆中令人心里怦怦直跳的，是那连绵起伏的稻浪和成片怒放的油菜花。在丘陵地区，水田、旱地往往依山势而开垦，层层叠叠，连绵不绝。到了水稻大面积抽穗结实，或是油菜花恣意盛开的季节，放眼望去，满目金黄，芳香四溢，几乎没有人能够抵挡它的诱惑，没有理由不深深地陶醉其中。那种心旷神怡的感觉，那种依依不舍的心情，实在令人魂牵梦萦，欲罢不能。可惜的是，往往在这个时候，我都要“背着书包上学堂”，但自从我发现了稻浪和油菜花惊人的美，总要想办法抽出时间，独自一人坐在山野田边，默默地凝望，惬意地遐想。这连绵的稻浪，成片的油菜花，既是大自然鬼斧神工的杰作，也是农民兄弟们辛苦劳动的果实，更蕴藏着丰收的甘甜与喜悦，可说是一种自然与人工联合创造的醉美。当然，此情此景，哪怕是什么也不想，也是一种既养眼又养心的奢侈经历啊！无数紧张、忙碌、焦虑、烦躁的城里人，现在不是满世界地寻觅这样的美景吗？

记忆中令人感觉最为激情四溢的，是那些放肆地抓鱼捉虾的经历。故乡多水，到处都是河流、水库、水塘、水渠、水沟、水田。当年的农村颇为原生态，没有什么污染环境的工矿业，在农业生产中，也很少使用农药、化肥，因而在那些有水的地方，往往就有不少的鱼、虾、蟹、鳖、泥鳅、鳝鱼……下大雨的时候，有些鱼喜欢逆流而上，有些则喜欢顺水乱跑，这时就可以因势而捕。而到了干旱季节，则可以在小河小溪乃至水田中，围上一段或一片，将水泻干，而后轻松惬意地翻捡。至于水面较大的水塘、水库，小些的需要将水抽干，大些的则只能撒网，而这些，就不是孩子们所能干的了。我们只能等大人们将水抽干并把作业完成后，方可下去捡拾一些遗漏的“野鱼”。有过抓鱼捉虾经历的人都知道，其实，这里最妙的并不是事后的吃吃喝喝（“打牙祭”），而在于“发现的惊喜”，在于斗智斗勇抓捕的过程，以及鱼鳖捉在手里活蹦乱跳，生怕它逃掉的心悸感觉……

记忆中令人感觉特别温馨浪漫的，莫过于一家人夏夜乘凉的经历啦！湖南的酷夏，天黑了气温仍然居高不下，经常没有一丝儿风，闷热难耐。当年的农村落后贫穷，不像今天通了电，可以借助电扇、空调营造一个清凉的小环境。夜幕降临，室内不仅热浪翻滚，而且蚊子多得吓人，几乎是没有办法睡觉的。这时候，家家户户都会将大大小小的凉床搬到禾场上，全家人一起乘凉、聊天，等待夜深天凉一些，再回屋睡个好觉。有些身体好的人嫌麻烦，干脆整夜就宿在露天里。乡村的那些个夜晚，天高云淡，月亮高悬，星光灿烂，景色别提多美多别致了！孩子们的一大乐趣，便是在此起彼伏的蛙声、虫鸣中，一遍遍地数那满天的繁星，或者，兴奋地追逐划破天际的一颗颗流星。自然的，不时还会有萤火虫光临，调皮的孩子们喜欢多捉一些，放在玻璃瓶中，或拿在手里，或挂在床头，权当灯使。

记忆中令人心底里最为动情的，还是看那袅袅炊烟升起。故乡既不产煤，也不产油，但各种树木、杂草漫山遍野，特别繁茂，因而家家户户都以植物为燃料。这自然难免产生烟尘，但因为农村的人口密度不大，生态颇为原始，因而其对环境的污染算不上多么严重。每当清晨，或是黄昏，炊烟从一家家的灶房升起，或垂直向上，或蜿蜒前冲，或斜射出去，或随风飘散……或浓或淡的炊烟与群山、河流、田野、房舍相配合，构成了一幅幅生动有趣、令人浮想联翩的生活画卷。有心人都知道，那一缕缕千姿百态的炊烟，都在委婉地讲述着一个个故事。我常常伫立在山村一角，望着那一缕缕灵动、变幻莫测的炊烟出神，想象那些温馨的家庭可能在烹饪什么美味佳肴。而在心底里，我忍不住一次次感叹，实际上，神奇的自然是能与人的活动和谐共存的。

故乡定格在头脑中的画面还有很多，甚至由于某种信息的刺激，还会有一些新的画面在头脑中闪现。越是岁月流逝，越是年岁增长，那些画面越是清晰，越是生动，越是令人依恋，越是回味无穷。我当然知道，这预示着我不再年轻，正变得越发老去，但是，我仍然由衷地欢喜将岁月与儿时“接通”的感觉。毕竟，在这些“接通”的记忆里，我感受到了自己心底的快乐，感受到了自己生活的意义，感觉自己活得越来越像自己了。

灾难中毁灭的价值

我家所在的那个贫穷、落后的小山村，房屋无疑是农民最大、最重要的资产。农民们一生辛劳最大的愿望，往往就是盖一栋宽敞、气派的房子，建设一个温暖、舒适的家：多少挣了一点钱，首先想到的就是盖房；大家茶余饭后的谈资，最大的兴趣点也是房子；至于姑娘们相亲找婆家，男方是否有房子，房子是否气派，那更是考虑婚姻大事时的重中之重……对于房子的关注和想法多了，许多农民可能会觉得，自己这一生就是为了房子而活着的。当然，今天的城里人也不入乡而随俗了，有多少城里人一生不都在为房子打工？尚未挺直身板的“房奴”们，对此恐怕会有不少深藏心底的感触。

老家的房屋坐落在一个不太出名的小山冲——“孙家冲”。三面群山环绕，正面是一口池塘，群山间的小山冲中，则是层层叠叠、连绵不绝的农田。老家的位置略显偏僻，邻居不多，人气不旺，多少显得有些寂静和落寞。房子是一栋全木结构、五缝四间（后面还拖了三“步”）的老式木屋。因为是20世纪70年代，主要取材于一栋更老的房子的材料而建成，所以显得有些旧了。房子不算太高，但还比较宽敞，除了厨房兼仓库、堂屋，还有两间大卧房。房屋的两侧，各建有一间偏屋，一侧是猪栏和杂物间，一侧是厕所和柴房。两间卧房相对比较考究，上铺楼板，下铺地板，阁楼上堆满了各式各样的老物件。农村山林分配到户后，因为无法阻止没完没了的盗伐，父亲就不断将成材的树木砍伐，扛回家来，想方设法搁在房屋的不同位置。而房屋两侧的偏屋里，更是常年堆满了干枯的柴草，平时用来烧火做饭，冬天则用来做饭取暖。经年累月，勤劳的父亲将偌大一栋房子塞得满满当当的。不知不觉间，老屋实际上垒成了一座没有任何防火措施的危险的“大木料堆”。

火灾发生于1995年7月29日8时左右，事先自然毫无征兆。那段时间，湖南常德持续高温，干旱少雨，是火灾易发的危险季节。我那年迈的父亲辛劳惯了，瞒着我和姐姐们，进城准备给某工厂看大门，赚点钱补贴家用，家里则托付给了另外的两位老人。不知道什么原因，火就从厕所旁的柴房猛烈地烧起来了。正所谓干柴烈火，火势很快就凶猛地蔓延开来。等到乡邻们闻讯赶来，已是大火肆虐，火光冲天，无药可救了。不到一个小时，房屋和房屋中的一切，俱已化为灰烬。乡邻们从池塘里接力传水，竭尽全力去浇，可惜无济于事。费了很大工夫，塘水耗去大半，也只是让厨房粮仓里的粮食没被全部烧透而已。几天后，我接到消息从北京赶回家乡，只见到了一大片被烧脆了的瓦砾，一大片灰黑色的冰冷的废墟。

父亲一生胆小怕事，谨小慎微、战战兢兢地过了一辈子。没料想，临到老了，却遭受了一生之中最大的灾难。

灾难，首先是对财产和积蓄的毁灭。几代人像燕子衔泥筑巢般积累起来的家业，包括这栋不小的木结构房屋，齐备的农具和家具，各式各样的坛坛罐罐，粮油、衣物、日用品，锁在抽屉里应急的一点现金，甚至还包括父亲为自己准备做“千年屋”（棺材）的大木头……一切都灰飞烟灭了。因为是几代人辛勤积攒的家业，大火之后，父亲在悲伤之余，根本说不全财物的清单，说不清损失到底有多大。

灾难，其次是对价值和记忆的毁灭。这栋房子是我刚上小学不久，父母拆了老房子后倾力重建的。建房的时候，我记得砍了家门口的两株大树——一株是八月飘香的桂花树，一株是每年果实累累的柿子树——做成了房屋的柱子和屋梁。当然，房屋更多是在祖屋的基础上盖成的，凝聚着一家几代人的心血。在阁楼上，在衣柜里，在箱子里，在房前屋后各个角落，珍藏着许许多多的记忆，如奶奶的纺车、爷爷的坛坛罐罐、母亲的嫁妆（我最喜欢的是用明清铜钱串在一起构成的一对大绣球）、父亲的账簿、我小时候的土玩具、全家人早年不多的历史照片……而随着这把无情的大火，那些与几代人相关联、对我们富有意义的“宝贝”，一切都随风飘散了。

灾难，更是对信心和希望的毁灭。灾难发生后，摆在一家人面前的紧迫难题，是年老体衰、已经丧失劳动能力的父亲，如何生活和安享晚年的问题。本来，一切已经有所计划，父亲不再插田了（成本太高，不划算），依靠山林中的产出（如木材、毛竹等），自己种菜，加上我和姐姐们的帮助，生活应该有基本的保障。而突如其来的灾难，让一切都乱了套，父亲的生活完全没有了着落。对于一位六十多岁、没有什么积蓄的老农来说，重建家园实在有些力不从心，面临的困难数都数不清。

依照当地的风俗，父亲在烧毁的老屋前搭了个低矮、简陋的窝棚，对付着住了整整三天，遭了三天的罪。三天时间里，白天面对一堆废墟，晚上黑灯瞎火，每天靠我的姐姐送水送饭度日。这种风俗，在当地的农村称为“睡火场”，以为自己“赎罪”。三天之后，出现在乡亲们面前的父亲苍老了许多，整天愁云惨淡，闷声不言，动不动就自己谴责自己，不知道自己“前世做了什么孽”……

水火无情，但人间自有真情在。灾难发生后，亲友、乡邻从四面八方纷纷赶来，给了孤苦无助的父亲极大的慰藉和帮助。自从我记事起，父亲一直是生产队的会计，联产承包责任制之后，父亲做过几年村委会出纳，在村里颇有些人缘。与父亲共过事的村委会干部迅速商议决定，全村每位村民捐一元钱，给父亲送来了全体村民的九百多元慰问金，并邀请无家可归的父亲到简陋的村部暂时栖身。还有亲友送来了炊具、碗筷、衣物，以及自己用不着的旧家具。一些朴实、真挚的村民，虽然当时尚在温饱线上挣扎，无力提供什么物质帮助，但不断地前来探望，嘘寒问暖，并以各种农民式的幽默，耐心地开导、劝慰着沮丧、失意的父亲。这一切在某些人眼里可能微不足道，但一个人落难时候得到关怀，总是令人格外感动和珍惜，并从心底里深深感恩。它令我们感受到了亲友、乡邻的淳朴，感受到了人间的温暖和真情。

当然，艰难的岁月里，也不仅仅只有淳朴和友爱，难免还夹杂着一些世态炎凉。

火灾之后，年老体衰的父亲已经完全破产，居无定所，衣食无着，精神困顿，心中苦涩。依据国家的相关政策，父亲通过村委会，满怀希望地向黄土店镇政府民政部门提出了减灾救灾申请。父亲一生老实木讷、任劳任怨、含辛茹苦，是一个从来不给政府“添乱”的人。这大约是父亲一生之中第一次向政府“伸手”。他强忍愁绪，“厚着脸皮”跑了一趟又一趟，求爷爷告奶奶，却一次又一次地失望而归。没有领导愿意到现场做调查，甚至没有人给予人之常情的安慰，父亲感觉委屈和难堪，觉得“很没有面子”。听说有人还在私下里嘀咕“他儿子在北京，他们家不需要救助”之类的言语。有乡邻善意地给父亲出主意说：“遭了这样的灾，国家有政策，你请人吃顿饭、送点礼，事情不就办成了？！”老实巴交的父亲不谙此道，在那里犹豫不决，见一直没有任何进展，就跑到乡亲家里，借用人家的电话，征求我的意见。我侧面打听了一下“行情”，知道按父亲老农式的、抠门极了的办事方式，恐怕没有什么希望“打通关节”，更大的可能是“偷鸡不成蚀把米”，白赔笑脸、白忙乎一场。因此，我虽然心里有些犹豫，但还是直截了当地说：“您一辈子节省惯了，恐怕做不好这种事，如果真有这点钱的话，还不如先解决自己的生活更可靠。”听了我的这番话，父亲感觉如释重负！他正为手头没钱请客送礼，或者说打心里就磨不开面子去跟那些人打交道而发愁呢！干脆，再也不跑了，不求了，申请扔在他们那儿，一切都听天由命吧！当然，地球人都知道，天上从来就不会有馅饼掉下来！

灾难袭来的那一年，我正在中国人民大学哲学系读博士研究生。一介百无一用的穷书生，每月只能拿到基本的生活费；孩子尚未年满周岁，嗷嗷待哺，奶粉根本没有保障；即使精打细算，即使节衣缩食，仍然入不敷出，月末总是向保姆（远房亲戚）借钱，正处在人生最紧张、最难堪、最艰难的岁月。因为在物价飞涨的京城尚未挺直身板，一年到头经济赤字自顾不暇，因而对父亲的帮助也是微不足道。想到这些，实在感到惭愧极了，既对不起受苦受难中的老父亲，也辜负了当地政府部门的“殷切期望”。

所幸的是，我们本是农民苦出身，不怕一无所有，不怕忍饥挨饿，不怕从头再来，不怕诠释“坚韧”。没过多少日子，父亲便勒紧裤腰带，东拼西凑筹措了一点儿钱，又从自家的山上砍了些树，从附近的砖瓦厂赊来砖瓦，重建了简陋的房屋，从村委会搬了出来。在那个偏僻的小山村，父亲虽然家徒四壁，但毕竟又有了可避风雨的“立锥之地”。虽然里面空空如也，但从外面乍一看，新建的还是焕然一新的“新房”，比绝大多数人家的房屋都要“新”。这又令个别小肚鸡肠的人感觉心里“失衡”：“那个倒霉的老家伙遭了那么大的灾，居然还住上了新房！”（这真是冤枉，父亲才不愿意如此折腾换新房呢！我们真心喜欢有些破旧、但有历史意义的“老屋”。可是，这又如何解释得清楚呢？）更重要的，这一切雄辩地证明了当地相关机构和公仆们“不需要救助”的决定之英明，之正确。我觉悟不高时禁不住胡思乱想，像我父亲这样老实本分的底层百姓的价值——如果有价值的话，是否主要就在于印证他们的英明和正确呢？！我不知道，也有些害怕知道。

童趣可待成追忆

童年，是人生中最妙的时光。祖屋惨遭焚毁，除了有形的物质损失，更伤及许多无形的童年记忆。

这栋房子，是父母在物质极其匮乏的年代，一家人节衣缩食、含辛茹苦修建起来的。我的母亲虽然体弱多病，但特别地要强，为了修建这栋房子，简直操碎了心。搬进这栋房子，是我上学不久、开始记事的时候。我清晰地记得，到了这栋房子后，母亲操劳过度，身患的多种疾病——如肺结核、气管炎、支气管炎等——便一天比一天沉重，日夜不停地咳嗽、吐痰，乃至于不断地咯血……但她强撑病体，一直用心操持着这个家，还清了建房所欠的“饥荒”。那时候的我们，心中一直装着一个信念，只要母亲在，便有主心骨，便什么也不怕。可惜的是，那个年代实在是太贫穷了，农村里缺医少药，母亲的营养也跟不上，终于没能抵挡住病魔的袭击，突然离开了我们……

我小的时候，不似今天的城里孩子，活动的范围逼仄极了。父母平时忙于生计，根本没有时间带我们外出游玩；年龄稍长，自己也成了“劳力”，被分派了几乎干不完的活。于是，稍有闲暇，特别是雨雪天活计不多的日子，这所房子就成了我们生活、娱乐的“大空间”。因为喜欢在房子里爬上爬下，到处“寻宝”“探险”，我敢说，我熟悉房屋的全部格局，熟悉屋里的每一个角落。毕竟，我曾经在屋子里消耗了大量的时间，那里也留下了我和伙伴们无数的欢乐。

记忆中特别令人难忘的，当然还是那些与游戏相关的内容。

木结构的房屋，一个好处是可以用粉笔、木炭、泥块等在上面信手涂鸦，尽情“创作”。板壁、门板、窗户、柱头、房梁，以及柜子、箱子、木仓……到处都成了我和伙伴们的创作园地。除了练练写字、数学演算，偶尔记事记账，最富“时代色彩”的恐怕当数“刷标语”了。那个年代，革命气氛浓厚，注重政治宣传，大人们将领袖语录、革命口号等刷得满世界都是，触目惊心。我们虽然年幼无知，但耳濡目染，也学会了在吵架之类时候，娴熟地使用阶级斗争术语。淘气时，还会爬到房梁上、柱头上段、板壁高处，仿照大人们“恶毒攻击”小伙伴，涂写一些耸人听闻的“革命标语”：“XXX是现行反革命”，“打倒XXX”，“对XXX实行专政”，“把XXX打倒在地，再踏上一万只脚，叫他永世不得翻身”……有时，因为“标语”的攻击性太强，而位置又太高，那些“被批判”的孩子擦拭不掉，气得眼睛噙泪，急得哇哇直哭。今天的孩子们看到这类“标语”，可能完全没有感觉，甚至哈哈大笑，可在当年严肃且残酷的阶级斗争氛围中，这可是令孩子们心惊胆战的“罪名”，足以令胆小怕事的孩子晚上做噩梦的。

孩子们聚集在屋子里，少不了挖空心思、热热闹闹玩游戏。因为空间有限，游戏的内容也只能因陋就简，例如，踢毽子、打弹弓、射子弹枪、玩玻璃珠、打牌、下棋等。玩得最多、最开心的，大约就是捉迷藏了。毕竟，捉迷藏不限人数，不限年龄，不限时间，而且非常经济，连玩具都不需要。捉迷藏时，孩子们分成两拨（每拨的成员中途可以调换），一拨藏，另一拨找，双方交替进行。当躲藏的一拨寻找藏身之处时，因为空间狭小，规定负责找的一拨必须闭上眼睛，不准偷看；待躲藏的全部藏妥了，发出一声怪叫，就可以开始找了。别看屋子不算大，若是开动脑筋，能够躲藏的地方可真不少：柴草堆里、门窗后面、书桌下面、床下床上（被子里）、木桶水缸、米缸糠缸、箱子柜子、仓库棺材、阁楼顶层、鸡窝猪圈……都是躲藏的好地方。生性机灵、动作敏捷的，还可以运用游击战术，运动着躲藏。当年因为贫穷之极，孩子们普遍营养不良，身材瘦小，有些甚至瘦得皮包骨，因而如果躲得有创意，出人意料，可不是那么容易发现的。曾经，有的孩子躲藏在诸如粮仓、柜子里，巧妙地用粮食或衣物遮挡着，因为伪装得太逼真了，别人怎么也找不到，自己却不知不觉睡着了。游戏结束、该回家吃饭了，家长找不到孩子，心急如焚，团团乱转……

时光飞逝。如今，这些童年的记忆，因为丧失了依附的载体，恐怕都要随着这冰冷的废墟，逐渐被自己淡忘了。一想到这里，就令我不胜唏嘘，心痛不已。我知道，在雨水充沛的江南，废墟上马上就会有杂草、树木生长，若无其事地显现盎然的生机。可是，只有我自己知道，在那些无辜的绿色下面，掩埋着我逝去的童年岁月，以及逐渐模糊的童年记忆。我私下里不断提醒自己，忘却是一种罪过，于是，便有了这篇不敢忘却的记忆。

苍凉的废墟边，思绪轻飏[①]

沉重的废墟！

踏进神往已久的希腊，给人印象最深刻，同时也最令人震撼的，是散落在这块神奇土地上，令人眼花缭乱、目不暇接的一片片废墟。

雅典卫城、阿迪库斯剧场、狄俄尼索斯（酒神）剧场、迈锡尼古遗址、科林斯古遗址、德尔斐古遗址、奥林匹亚古遗址、米斯特拉古遗址、斯巴达古遗址、狄翁古遗址、多多纳古遗址、埃莱夫西斯古遗址、克洛索斯王宫遗址……如果详细枚举，这串废墟的名单可以很长很长，长到令人失去阅读或倾听的耐心。整个希腊就像一个巨大的露天博物馆，数千年呕心沥血、匠心独具的创造虽然屡遭天灾人祸，留存至今的仅仅只是一小部分，但是，就这也足以令人震撼、叹为观止了。这些

① 2013年8月3—11日，我随中国社会科学院哲学研究所代表团参加了在雅典大学举办的第23届世界哲学大会，并抽空参观了不少“希腊的废墟”，深有感触而草成此文。

雅典奥林匹亚宙斯神庙遗址

建设年代跨越数千年的城堡、要塞、神庙、修道院、宫殿、会堂、剧场、竞技场、市场、浴场、陵寝、墓地……与现代建筑、现代工厂、现代农村并不怎么协调地耦合在一起，若无其事地“和平共处”着。因为数量异常庞大，因为多少有些雷同，所以，即使是特别富有激情的“寻梦人”，恐怕也难免产生审美疲劳，并油然而生无尽的感慨。

废墟是凝固了的历史。一段段残垣断壁，一根根突兀的石柱，一块块沉重的大石头，一座座残损的雕像……就那样凄清地、落寞地、斑驳地、杂乱地散落在旷地上，任由岁月剥蚀其曾经拥有的光彩和骄傲。不过，面对此情此景，那些熟谙古希腊历史与文化的人的脑海中，却恐怕早已经浮想联翩，穿越悠远的时空，梦回到了那个百家争鸣、英雄辈出、成就斐然的不朽时代。刹那间，许许多多美丽的神话，经典的传说，智慧的哲思，英明的设计，激烈的辩论，诡异的阴谋，血腥的战争，和平的竞技，当然，还有那些壮阔的场景，动人的故事，纵情的欢乐，悲惨的命运……与废墟或废墟中的某个部分、某个物件联动起来，在脑海中竞相呈现，演绎出一幅幅波澜壮阔、绚丽多姿、鲜活生动的历史画卷。

废墟不言！

废墟是沉默、豁达、洒脱的。残损、破缺、沧桑、幽暗的片片废墟，千百年来，就那样坦荡随意、旁若无人地矗立在那里，就那样宁静安详、自然而然地铺洒在那里。废墟从不言说，从不争辩，只是冷眼旁观这个变化得无法相认的世界。废墟也从无要求，从不抗争，只是任人或善意地或恶意地处置自己的命运。

不过，只要视线与废墟相接，几乎没有人能够心如止水，没有人能够逃避它带来的强烈的视觉冲击。原本气势磅礴的城堡、险要坚固的要塞、巍峨高耸的神庙、金碧辉煌的宫殿、设计精巧的剧场、栩栩如生的雕塑、精美绝伦的绘画……就那样墙倒殿塌、残缺毁损，零乱地散落在地上，有些甚至已经完全毁灭，寻不见一点儿踪迹。在晴空丽日、碧海蓝天的照耀下，在绿水青山、现代建筑的映衬下，在衣冠楚楚、文质彬彬的游人面前，今昔的对比是那么的强烈！那样的鲜明！神经不那么坚强、心态不那么达观的人，可能会忍不住连声唏嘘，内心经受着异常强烈的撞击和震撼。

站在废墟之旁怅然凝望，心中难免产生各种复杂的情愫，涌生满腔悲凉的历史沧桑感。辉煌灿烂的古希腊文明，无论是语言文字、哲学思想、文学艺术、科学技术、建筑艺术、生产工艺，还是宗教信仰、城邦民主、生活方式，都已臻当时西方乃至世界的巅峰水平，至今仍是西方文明公认的发源地，是许多有识之士的精神寄托和灵感源泉。而曾经鲜活生动、精美绝伦的一切，都以毁灭了的废墟的方式，残忍、无情，却又直观、清晰地呈现在人们眼前。这种大浪淘沙式的岁月磨洗，这种无可奈何的价值毁灭，总是无从弥补的遗憾，总是挥之不去的伤感，总是难以消弭的惆怅！在隐隐心痛之余，人们无法不感慨时间汩汩流逝的无情，感慨造物主和命运的无常；缅怀当年那些可歌可泣的英雄壮举，追思那些永垂不朽的杰出人物，并沉重地发出一声叹息！

废墟有言！

废墟是悠远深邃、富有内涵的。它虽然逆来顺受，与世无争，但却以其神圣，以其积淀，以其厚重，以其沧桑，在刺眼的阳光底下，默默地向每一位到访的游人诉说着什么。至于废墟究竟诉说了什么？这就很不确定了。那完全得看你的视野和胸怀，你的观念和知识，你的心境和感悟……

废墟，是曾经的博大精深。它是古希腊先人们智慧实践活动的遗迹，是曾经光辉灿烂的文明的见证。从远古的旧石器时代起，希腊人就已经生活在这片土地上。殊为难得的是，他们生活得那么有声有色，那么卓尔不凡，智慧的火花四处飞溅，精巧的创意层出不穷。古希腊文字，古希腊哲学，古希腊戏剧，古希腊数学，古希腊科学，古希腊建筑，古希腊雕塑，古希腊宗教……几乎所有领域都举世无双，叹为观止，令人景仰。可以说，古希腊人独立创造了当时西方乃至世界上最为先进的文明。这孕育了近现代的西方文明，并且仍然在滋养着一代又一代西方人。

废墟，是历史的百转千回。它是古希腊繁荣的铁证，又是古希腊衰落的象征。地处东西方交会之要冲的古希腊文明，遭受了罗马帝国、拜占庭帝国、奥斯曼帝国等的三次大规模入侵，并被野蛮占领、“改造”了近两千年。二战时，还曾为疯狂的纳粹攻陷、掠夺。曾经卓尔不群、无与伦比的希腊文化遭到大规模的有组织的破坏。经过拉丁文化、基督教文化、伊斯兰文化等的轮番洗礼，希腊民族已经变成一个多血统、多种族的民族，希腊文化已经发展为一种多元、混合型文化。而曾经独立纯粹、卓尔不凡的古希腊文明，则可悲可叹地沦落为一种“废墟文明”，一种“博物馆里的文明”。

废墟，是文化的生生不息。它是无数思想者呕心沥血的见证，也是无数创造者辛勤劳动的结晶，令人感觉到一种厚重的文化积淀。希腊自古及今，尽管曾经长期为外族统治，尽管不时遭受灭顶之灾，但希腊的语言和文化却无所畏惧，体现出倔强、骇人的生命力。它不仅从来没有彻底泯灭，而且还以坦荡的胸怀、厚博的内涵，顽强地散播到西方乃至整个世界，默默地滋养和改造着东西方文明。这也为希腊人赢得了无数的掌声、恒久的欢呼。今天的希腊和希腊人，因为这些伟大的废墟，因为其所承载的文明精华，而备受世人尊重。

废墟不废！

废墟上的一切，已经倒塌、风蚀、破碎、残缺不全。而且，在故国消亡、文化“破坏性重组”之后，再也没有如凤凰涅槃般重生的可能。然而，废墟并不因此就是百无一用的废弃物，并不是应该随手扔掉的历史垃圾。这些或星星点点或成堆成片散落在希腊全境的废墟，承载着古希腊不同时期各个城邦辉煌的记忆，是不朽文化、文明和历史的凝结，具有的考古价值和历史价值可谓大矣！

废墟是“旧社会”“旧制度”残留下来的遗迹，但并不就是“过去”了的、有害无益的文化“糟粕”。文化、传统是一个民族的家园，是一个民族的“根”。优秀的文化可以跨越时空，历久弥新，甚至可以内化于民族之魂，趋向于永恒。如果像我们当年“左”的时期，将之作为阻碍历史潮流的“糟粕”，以破“四旧”的粗暴方式，到处搜来，付之一炬，那就不仅是暴殄天物，而且简直就是犯罪，对民族和国家的犯罪，对人民和历史的犯罪！我们今天不是在为当年的荒唐痛心疾首吗？历史的教训绝不能重演。

废墟虽然无可奈何地残了、废了，虽然已经不再完整，不再完美，但不可否认，它仍然具有惊人的残缺之美，仍然给人巨大的想象空间。只要人们视野开阔，思维开放，就会发现废墟不废，它具有非同一般的力量，具有多方面的价值。与废墟相联系的奥林匹克精神、逻辑与理性精神、科学与民主精神、反思与批判精神……一直都“在”，并且不断迸发出蓬勃的生命力。君不见，这一片片废墟，总是令多少有识之士魂牵梦萦，流连忘返！有些人甚至为之沉醉，为之迷狂，总有一种难以扼制的冲动，渴望从这些废墟中寻找到神圣、激情和灵感。君不见，这一片片废墟，一直为希腊人带来超高的人气和滚滚的财源！每一年，数千万旅行者从世界各地慕名涌来，虔诚地奔向一处又一处废墟，注目，凭吊，沉思……为了服务这些“寻梦的人”，旅游业早已经发展为希腊的支柱产业。

废墟在召唤！

废墟之所以不幸沦为废墟，自有其客观的或主观的原因在。如果有心人善于总结，无言的废墟便会灵动起来，给人无穷的智慧和教益。循此路径，废墟将发挥起死回生之效。

废墟是历史规律的默默警示。曾经的辉煌之所以变成废墟，除了地震、雷暴、水火之类天灾，更多的则是层出不穷的人祸。其中，常常提及的是域外势力的崛起与侵略，但内部的僵化保守、不思进取、钩心斗角、胡乱折腾、分崩离析更加致命。往事如烟，历史不会给人机会重新涂抹。不过，如果不能吸取前车之鉴，如果仅仅只是“躺在废墟之上”睡大觉，不知变通，不思进取，那么，废墟之侧难免再添废墟。今天的希腊就十分值得为之忧虑。经济上，希腊已经沦为欧盟的“差等生”，在工业化、信息化浪潮中，一再落伍。因为债务沉重，濒临破产，只得频频向世界、向欧盟要求救济。在一次又一次讨价还价中，希腊人受尽了嘲笑和奚落。而国民由于长期生活在超前、优裕的福利制度中，日渐泯灭了进取、实干之心，德国人常常将希腊人称作散漫懒惰、无可救药的典型。

废墟是后人前进的阶梯。在希腊灰暗幽静、神鬼莫测的废墟中，潜隐着太多的悬疑和秘密，包含着厚重的思想因子，更蕴藏着不死的文化和精神。裴多菲曾言：“我愿意是废墟……只要我的爱人，是青青的常春藤，沿着我荒凉的额，亲密地攀缘上升。”而弘扬古希腊的文化精神，沿着废墟中的这些思想基因开拓，不仅可能生长出“青青的常春藤”，而且可能推陈出新，培育出生机盎然的参天大树。但愿，废墟边的希腊人能够知耻后勇，能够驻足聆听，从废墟中受到足够的启迪，重拾先哲的智慧，再造自己灿烂的明天。

而同为古老、悠久的文明，虽然我们历经磨难，“苟全性命于乱世”，但咀嚼历史，不仅曾经长期落后挨打，备受屈辱；而且相比希腊，扪心自问，我们应该更加惭愧、汗颜。我们已经错失的机遇、已经损失的珍宝、已经毁灭的文化更多。我们甚至不能宽容废墟的存在。在希腊的土地上，还有这么多历尽沧桑的废墟散落着、诉说着。在神州大地上，古代中国也是创造过数不清的人间奇迹的，可是，还留下多少可供后人缅怀的遗迹？有多少已经永远地消失了？就此而言，我们对待文化的态度、对待文物保护的意识，更需要深刻地反省和批判。历史不会原谅那些敢于并“善于”毁灭的战争贩子、政治狂人、见利忘义的败家子，以及卖祖求荣的“国贼”……应该将他们牢牢地钉在废墟旁的耻辱柱上！至于那些正在将我们的家园、文化“废墟化”的人，则更应该引起我们的警觉。大声地严厉地谴责、制止他们，是我们义不容辞的责任，因为，他们正肆意地挥舞着“洛阳铲”，试图让那些悲惨的历史故事重演啦！

大海的记忆

作为“陆生动物”的我，多少有一些“海洋情结”。很早的时候，我就痴迷凡尔纳的《海底两万里》《八十天环游地球》，后来，读到过不少远洋客轮上发生的浪漫故事，电影《泰坦尼克号》的悲剧，更是令我久久不能释怀。那浩瀚无垠的大海，那神秘莫测的海底，那些扬帆远航的故事，总是萦绕在我的心头。我心中一直有个梦想：有一天，抛开一切恼人的琐务，坐上轮船，驶向大海的深处。一个人放松地、静静地、与世无争地与大海来一次亲密接触，倾听大海的呼吸，感受大海的心声……

2004年8月—2005年8月，我在位于韩国汉城（首尔）的成均馆大学任“交换教授”。春夏之交，因为我在中国社会科学院指导的硕士研究生要进行论文答辩，我决定乘机回国一趟。或许是那段时间，电视中的午夜剧场反复播放英文版的《泰坦尼克号》，我看了一遍又一遍，《My Heart Will Go On》（《我心永恒》）的旋律整天萦绕在耳边，遂萌生了乘坐游轮回国的念头。反正时间充裕，不用着急，而且乘坐游轮还可以丰富自己的人生体验，多少圆一圆自己的远洋梦。正好，我的一位韩国学生申请了北京大学的硕士研究生，要去北京大学参加复试，我们俩一拍即合，商议结伴同行。

2005年5月中旬的一天中午，我们乘坐的万吨游轮出发了。从仁川港行驶到天津塘沽港，全程大约24小时。时间虽然比我期待的短了一些，但总算可以“过把瘾”了。

游轮慢悠悠地驶出仁川港，陆地渐渐变得模糊起来。万吨巨轮，算得上庞然大物了，行驶起来却十分平稳，只是随着波浪微微起伏。开始的时候，或许是靠近港口的原因，周围各类船只来来往往的，完全置身“人类社会”之中，令人难有一叶孤舟的感觉。在我的家乡湖南常德，河网密布，湖泊众多，乘船于我并不算陌生的体验。眼见身边“千帆竞发”，汽笛声声，这相较我以前坐船的经历，似乎并没有什么特别。

远离港口，驶入大海，身边的船只稀少起来。偶尔与一船相遇，相隔也是远远的，不见旗语，不闻笛鸣，甚至完全看不见邻船上的人。那些船只遥遥地交错经过，便渐行渐远，一会儿就没了踪影，消失在茫茫的“海平线”上。

我无所事事，便在学生的陪同下，在游轮上一层一层地参观。船上的人不算多，许多船舱都空空荡荡的。游轮还算先进，设施比较齐备，（免税）商店、饭馆、咖啡厅、歌舞厅，甚至赌场，一应俱全。我俩对购物和娱乐活动没有兴趣，逛得累了，便回舱随意地躺卧在床上，看看闲书，打发时间。书向来是极好的催眠药，不知不觉便睡着了。

一觉醒来，已不知身在何处。我独自一人，再次信步踱上观景甲板。这时候，陆地完全没有了踪影，周围也看不见任何船只。面对浩渺、苍茫、沉默的大海，心里突然涌生一种异样的感觉。

太阳隐在了乌云后面，偶尔从云层中露出几缕光线，四周显得乱云密布。除了一望无际的大海，以及汪洋中的这艘“小小的”游轮，看不见陆地的影子，连小岛也没有。天空中没有鸟，大海里也看不见鱼，汪洋中见不到任何一种生命。或许是因为没有参照物之故，头顶上的天空低垂，比平常矮了许多；放眼四顾，“天边”也显得近多了，世界都在眼前，似乎变小了。四周水天相接，于我所在的游轮都是“等距离”，天空就像是一口硕大的“倒扣着的大锅”。我们的游轮就笼罩在这口硕大的“倒扣着的大锅”里，微不足道、不疾不徐地行进着。

海上有风，海浪并不小，却只见水面随意地、微微地起伏，完全没有海岸边那种海浪汹涌而来、惊涛拍岸的感觉。原来，我们见惯了的那些气势汹汹的海浪，实则已是强弩之末，只不过装腔作势地吓唬人罢了。真正绵绵不绝、力道浑厚的海浪，从来都是不事张扬的，从来都是随意而“安静”的。或许，这种雄浑却无形的伟力，才显出大海的博大、深沉。

置身这一望无际的大海中，人，自以为那么高傲、高贵的人，显得是那样的孤独、无助，那样的渺小、不值一提。我心里面坏坏地想，如果将一个人抛离这艘万吨巨轮，扔进茫茫大海的深处，任他是谁，任他多么强大，任他多么不可一世，也是只能听天由命，无论如何挣扎都无济于事的。

入夜，没有月光，不见星星，四周是一片同质、没有差别的黑暗。无论近处，还是远处，大海中什么也看不见。偶尔，海面上会出现几点灯火，似近似远，但总是遥不可及，猜不透是船、是岛，抑或其他。除了海浪碰撞船体以及隐隐的机器轰鸣声，周围安静极了，静得似乎不是在人世间。

面向黑暗坐得久了，有些无聊，睡意又袭了上来。回舱，枕着微微起伏的海浪入睡，没想到睡得既踏实，又安稳。曾经听说，人是从鱼进化而来的。大海或许原本就是人类的母亲？躺在母亲的怀抱里，那自是本能地适应啦！

清晨，我惦记着看日出，便早早地起床了。同伴还在熟睡，我屏住呼吸，轻手轻脚地溜出来，不忍惊动他。一个人悄悄来到观景甲板，这时天已微明，甲板上散落着三三两两的游人。是太阳该出来的时间了，但此刻她可能还躲在“水下面”，不肯见人。海风肆无忌惮地吹拂着，气温比较低，我只得不停地走动，用力裹紧身上的衣服，抵挡这无处不在的刺骨的寒意。

蓦地，在东方水天相接的云层中，出现了些许光亮。接着，太阳蹦出了小半个身子。不过，令人失望得很，她只是照亮了东边小小的一片天空。有了太阳作参照物，才映衬出这水天相接的天空是那样的辽阔！初升的太阳怯怯的，光线弱弱的，实在难以承担我想象中“光芒万丈”的重任。

太阳毕竟有力量。她爬升得够快，光照的范围也随之扩大，旁边的乌云被反复地塑造，塑造成各种或有趣或无聊的造型。我还在琢磨那些云的造型，不到一分钟，太阳就完全钻出了云层。世界顿时像被点亮了似的，海风也逐渐夹带了温暖的感觉。

逐渐地，阳光变得刺眼起来，大海又重新变得波光粼粼。气温明显升高了，身体顿觉温暖有力，慢慢舒展开来。此时此景，分明感觉太阳才是神奇的“造物主”，它总是给世界，也给每一个人，带来蓬勃、盎然的生机！

早饭后，我们随意闲逛，累了，便慢慢踱回到船头的观景舱。我向海而坐，凝望着水天相融的海面，默默地想着我的心事。我想，若将生活中的那些恩恩怨怨、爱恨情仇扔进这浩瀚无垠的大海，恐怕就都不值一提了，甚至都激不起一朵小小的浪花……不知过了多久，我蓦然发现，身边的船只多起来了。原来，早已经进入渤海湾了。不知不觉间，我“回到了祖国的怀抱”。还没有来得及尽情体验，这次期盼许久的旅程就要结束了，铭刻在我心底里的，是如此美好的“大海的记忆”。

韩国“去中国化”观察

自古以来，朝鲜半岛就受到中华文化的熏陶和影响。虽然民间社会一直存在自己的语言（口语）和文化，但在相当长的时间里，统治者和知识阶层都尊中原文化为正宗，正式公文和书籍绝大部分都使用汉字书写。他们沿用中国的官僚体系，通过科举考试选拔官员，有些人甚至跑到中国参加科举考试谋求一官半职；他们采用中式风格建造城池、宫殿、书院，采用中国的宫廷乐器和音乐；他们从中国引进儒学、道教和佛教，采用中国的历法和中医，过与中国相似的节日，具有与中国类似的民俗……中国文化已经渗透到官方和民间的各个角落，长期为朝鲜半岛提供典范、资源和滋养，以至于朝鲜半岛有“小中华”之称。

自鸦片战争以来，中国陷入衰落、挨打的悲惨境地，对周边国家的吸引力、向心力日益减弱。那些曾经深受中华文化影响的国家或地区，先是日本，后是朝鲜半岛和东南亚，开始对中华文化产生疑虑，程度不一地向西方靠拢。在“西化”浪潮中，一些周边国家将中华文化从曾经的至上、正统地位拉下马，努力建立独特、自主的民族和国家认同，全面改造自身的语言和文化。

1945年，朝鲜半岛摆脱日本的殖民统治，宣布独立。朝鲜战争后，在美国扶持下，韩国人民创造了“汉江奇迹”，经济快速腾飞。随着经济的发展，韩国的民族意识空前高涨，民族自尊心也前所未有地膨胀。特别是伴随20世纪80年代的民主化运动和民族运动，韩国的“去中国化”成为一种潮流，一种时髦。他们高举“去中国化”的旗帜，竭力向全世界宣告，要挣脱中华文化的束缚，建立自己独特的民族和文化。

韩国的“去中国化”，首先是改革语言、文字。韩国文字称为hangul[한글]，是一种字母文字、表音文字或拼音字，用拼音字书写的文章叫“谚文”。语言、文字的“去中国化”，即要彻底抛弃汉字，采用韩式注音文字。二战后，在美国的强力干预下，朝鲜的中小学教科书中就废除了汉字。1948年10月9日，刚刚成立两个月的大韩民国政府颁布第六号法律——《韩文专用法》，在小学教育中完全废除汉字教育。20世纪80年代民主化运动和民族运动兴起后，“去中国化”运动加速，开始在全社会改用韩式注音文字，取消使用汉字。虽然随着近年来中国的快速发展，以及韩国加大传统文化推广的力度，特别是表音文字谚文无法像汉字那样表意，开始有一些人试图恢复使用汉字，然而，大趋势未变，成效自然不彰。

麻烦的是，汉字作为传统的“官方文字”，已经深深地融入了韩国的历史和文化：各种历史记录（包括企业或家庭家族的历史记录），宫殿、书院、寺庙的匾额、对联，古代文学艺术作品（包括诗歌、“书艺”等），博物馆、图书馆中有些年头的文物、书籍……用的都是方块汉字。如果彻底抛弃汉字，几乎要将韩国的历史和文化一笔抹杀了。在现实生活中，这种割裂将带

景福宫（朝鲜半岛历史上最后的统一王朝李氏王朝的正王宫）兴礼门

来无穷无尽的麻烦。例如，当今仅仅接受韩式注音文字的孩子们，当他们翻阅历史典籍、家谱族谱，欣赏古代文学艺术作品，游览名胜古迹，参观博物馆，都可能会感觉陌生，像出了国、与“西洋景”打交道似的。而且，语言、文字都面目全非了，我不知道，这些人今后“老”了，如何得见祖宗？如何与祖先“接头”？如何与祖先交流？这在尊崇儒家传统、尊崇祖先的韩国，或许会是一个难题。

语言、文字都变了，“顺理成章”地还要改名字，包括地名、企业名、人名，等等。朝鲜半岛的地名，不少具有浓厚的汉文化特色。例如，韩国首都、历史文化名城——汉城（古称汉阳），更有不少地名直接就与中国相同，如湖南、泰安、奉化、广州、海南、安东，等等。如果一些汉字地名、企业名等不变，有些韩国人总是觉得碍眼。于是，汉城就变成了“Seoul”（“首尔”）。甚至于传统的汉

字姓名，也要改。极端的，一些家长不再给孩子起汉字名字。幸亏韩国的祖先们不会玩“穿越”，否则，他们一定会迷路，也找不到子孙后代的。

“去中国化”之后，最关键的，还在于处心积虑地人为割断文化。在历史上，朝鲜半岛属于“汉字文化圈”或者“中华文化圈”，这恐怕不存在什么争议。但现在要“去中国化”，怎么能同中国文化混为一谈呢？怎么能不明确划清界限呢？因此，一方面，必须重新清理，全面“改写”韩国文化史。在这一过程中，“重大成果”不断地新鲜出炉。例如，“儒学首先产生于韩国”，“孔子是韩国人”，“李白是韩国人”，新近的“发现”则是“老子也是韩国人”……另一方面，就是将一些起源于中国，或许在朝鲜半岛有所改良的文化，说成是大韩民族史无前例的独创，用抢先向联合国申请文化遗产之类方式，誓死争夺“发现权”“发明权”。于是，中医（汉医）变成了“韩医”，端午、中秋之类传统节日，以及祭祖之类民俗，“暖炕”（中国称火炕）之类技术，统统都变成了韩国先辈的杰出“发明”。一些极端民族主义者更“干脆”，直接将中国的东三省、山东，乃至上海都划进了“大韩民国”的版图……我不知道，对历史和文化如此这般“加工”之后，这些人如何填平与祖宗之间的隔阂，如何理解其先辈们向往、学习中华文化的感情？

咀嚼各种“去中国化”现象，令人产生一种强烈的印象，发达了的韩国人正在重新“包装”自己和自己的文化，“塑造”自己历史悠久、顶天立地的美好形象，努力实现国家政治独立后的文化独立，在东北亚乃至整个世界寻找自己的位置。或许，这也无可厚非。任何人都有自我定位、自我完善、自我创造、自我肯定的权力。独立、强大了的韩国自愿选择这样做，就自主地、用心地去做好了。作为中国人，在异域见不到熟悉的汉字，或者曾经的熟悉变得陌生，最多只是丧失曾经萦绕心间的那份亲切，那份欢喜。如果在异国他乡没有这一切，毕竟也是一件正常的事，算不了什么。

不过，如果以无知或者偏激为前提，将事情推到极端，“勇敢”而“果断”争抢某些历史文化遗产的“发现权”“发明权”，甚至人为地制造没完没了的文化纠纷和国土纠纷，则是一种缺乏科学、客观态度的表现，是一种仍然不自信的表现，而且，可能也难以获得满意的结果。历史不能随意涂抹，是非自有公论，事实真相是客观的，总有水落石出的一天。如果罔顾历史，罔顾事实，仅凭自己的好恶为所欲为，或许就偏离了东亚推崇和谐的文化传统，偏离了自我塑造的正确轨道。

日本资源印象

近些年来，因为研究项目和工作的关系，我查阅了不少有关日本的资料，与日本学者的交流也比较频繁。特别是，曾经两次到日本，对东京、京都城市圈进行了走马观花的考察，颇多感触。

在人们的印象中，日本是一个国土狭窄、人口密度大、资源非常贫乏的国家。而我们中国呢，地大物博，资源丰富，令人骄傲。然而，如果我们仔细地考察和分析一番，或许，得出的结论会令人吃惊！

假如我们对“自然资源”的界定不那么狭隘，使之包括国土、森林、水、矿物、植物、动物等门类的话，那么，日本各个门类的资源在贫富程度上差异悬殊，根本不能一言以蔽之曰“贫乏”。

国土。日本确实国土狭窄，土地资源不太丰富，农业用地（耕地）资源比较贫乏。1997年，日本共有耕地49 896.7平方公里，加上多年生作物用地5 861.4平方公里，也只有5 5758.1平方公里，平均每人仅约442平方米，以至于粮食不能自给，需要大量进口。但作为一个狭长的岛国，日本的海岸线非常长，达到33 899公里，领海面积达31万平方公里，渔业水域361万平方公里，200海里水域面积429万平方公里。这不仅使日本享有丰富的渔业资源，还为其开发海底资源、发展海洋运输事业提供了广阔空间。日本人以水产品为主食，渔业和水产养殖业十分兴旺。日本近海捕鱼业发达，近海渔场是世界著名大渔场，鱼的种类多达700余种；远洋捕捞业也十分发达，捕鱼量居世界第一位。

森林。日本的国土绿化率，一直令人艳羡。至1995年，日本共有森林2 514. 6万公顷，约占陆地面积的2/3，是世界上森林覆盖率最高的国家之一。其中，人工林为1 039. 8万公顷，天然林为1 338. 2万公顷。日本自工业化以来，每年对木材的需求量很大，但日本人不怎么砍自己的树，主要通过大量进口木材解决。中国的森林覆盖率较日本低得多，但日本却从中国大量进口木材做一次性筷子。

水。日本是一个岛国，四面都是海洋，而且降水丰富。日本年平均降水量为1 750毫米，约为世界平均降水量970毫米的2倍，是一个水资源丰富的国家。当然，由于日本山高坡陡，河流大多不长，降水中有很大一部分随即流入大海，积存下来的水并不算多，福冈、东京等大城市还经常要为如何节水和开辟水源而伤脑筋。不过，这与中国西北的水资源危机实在不可同日而语。

植物。日本是世界上植物种类最丰富的国家之一。日本的国土面积虽不很大，却跨越了从亚热带到亚寒带的广阔地域，而且绵延起伏，海拔高度差别较大，加之岛屿众多，形成了富有多样性的自然环境，孕育了生物的多样性。据日本政府1999年统计，日本的野生植物种类多达31 800种，其中纤管束植物为7 087种，藻类植物约5 500种，苔藓类植物约1 800种，地衣类植物约1 000种，菌类植物16 500种。在这些植物中，具有较高经济价值的植物约1 500种。从世界范围看，日本的植物种类虽然少于那些拥有热带雨林的国家，但比一些发达国家却丰富多了。

动物。据日本政府1999年统计，日本共有动物约36 900种，其中脊椎动物约1 400种，无脊椎动物35 207种。陆栖脊椎动物的种类偏少。目前，体形大的野生动物只有熊、狼、野猪和鹿等。渔业资源比较丰富，金枪鱼、沙丁鱼、大麻哈鱼等的产量都很高。淡水鱼的种类也不少，其中，香鱼的产量最大，号称日本淡水鱼之王。日本的鸟类大约400种。其中原生鸟类约140种，寒带鸟类约150种，热带鸟类约50种，日本特有的鸟类约有50种。水鸟较多。昆虫类动物亦种类繁多。其中，蟋蟀至少有43种，蛙类有29种，蝴蝶类有500余种。

矿产资源。日本的矿物资源种类繁多，曾有“矿物博物馆”之美誉。历史上，日本曾一度是铜的出口国，铅和锌的蕴藏量也较丰富，还曾有过一些较大的、著名的煤矿。但与世界上其他同等人口规模的国家相比，无论是从矿物的蕴藏总量还是从人均占有蕴藏量来说，日本都是比较贫乏的，在需要耗费大量矿物资源的工业高速发展以后，问题就显得更加突出了。据日本通产省资源厅数据，日本有储量的矿种只有12种。除石灰岩、叶蜡石、硅砂这三种极普通矿产的储量较大外，其他重要矿产的储量均极少。特别是油气、黑色和有色金属等，几乎全靠进口。日本对石油的进口依赖程度为99.7%，煤为92.7%，多种有色金属平均在95%以上。有人说日本资源贫乏，主要也是就矿产资源而言的。

而“新兴”的科技资源、人才资源，作为教育和科技大国的日本更是居于世界前列。毕竟，随着知识经济时代的来临，不仅传统的自然资源是资源，而且文化资源（科技、知识、信息）、人力资源（劳动力、人才）等也是资源，而且是越来越重要的资源。日本很早就确立了科技立国和教育立国战略，依靠教育先行和科技开发，大力发展“高效益、低消耗、环保型”的新型信息产业，促进产业布局、行业结构、产品结构和就业结构的重大调整，跻身世界产业链高端，促进经济和社会发展方式产生根本性变革。

至于日本在资源和能源方面的观念和做法，更是有许多值得我们观摩、学习的地方。今天，我们甚至可以说，因其如此，日本已经成为一个“资源和能源强国”。

首先，强化危机意识，厉行节约。由于与工业化相关的矿产资源匮乏，日本政府和民间对于资源都具有深刻的危机意识，整个社会养成了节约的良好习惯。政府、企事业单位、家庭各自都有节约的职责，形成了一个全方位、全程节约的体系。政府制定了促进节约的法律制度和计划措施，推动全社会厉行节约。积极组织举办各种类型的节约宣传教育、经验交流等活动，对日常生活中如何节省资源进行指导，如空调夏天制冷不要低于28摄氏度，冬天制热不要超过20摄氏度；尽量徒步、骑自行车或者乘公交车上班，少用私家车等。政府自身也很注意带头节约，身体力行。政府部门的工作人员办公场所很小，会议室很简陋。企业在生产过程中从头到尾都注重节约，许多企业都制定了完备的资源节约措施，落实到每一个生产环节、每一个成员。如果一个企业不关心资源节约和环境保护，就会被认为没有尽到社会责任，企业形象就会受损害，产品就得不到消费者的信赖。整个社会更是节俭成风。我们不难看到，日本街上行驶的多是低排放量汽车，家庭中节能灯等产品被广泛使用，饮食很少浪费，等等。

其次，加大资源的回收利用力度，发展循环经济。日本特别重视开发回收利用的新技术，以利用一切可能的“资源”。在垃圾回收利用方面，日本走在世界前列。在日本，扔垃圾是一件非常复杂的事情。垃圾要分类，不同垃圾扔的时间也不同。可燃垃圾会被制作成“可燃棒”，给工厂当燃料。而垃圾焚烧产生的炉渣，被用于道路设施建设和维修，目前还在试验用于制造砖石等建材制品。垃圾中的重金属，被锅炉高温熔化后，通过沉淀重新结晶成为块状物，制成金属块和金属棒，卖给电子零件制造厂商，再用来加工电子零件。“城市矿山”是对废弃的电子产品中所含有的金、铂等贵金属以及钯、铟等稀有金属的一个形象比喻，因为很多城市里那些废弃产品所含的资源总量之大已经相当于一个“矿山”的含量。日本物质和材料研究机构公布的一份报告显示，以包含零件和产品在内而积累在日本国内的各种金属计算，日本可以与资源拥有国的确认埋藏量相匹敌。报告指出，日本“城市矿山”蕴藏的黄金约有6 800吨，白银约6万吨，稀有金属的铟有1 700吨，钽约4 400吨，相当于全球黄金储量的16%，白银储量的22%，铟储量的61%，钽储量的10%。日本的《家用电器回收法》规定，消费者必须将废旧空调、冰箱、电视机和洗衣机等交由销售商送返生产厂家进行回收利用。如果消费者不守此法，私自进行掩埋等处理的话，一经发现将被处以巨额罚款。

再次，实施全球矿产战略，保障矿产资源供应。日本矿产资源贫乏，大多数矿产品的需求量却居世界前几位。日本一直放眼全球，通过实施全球矿产战略，保障矿产供应，确保经济安全。其主要措施是：政府、企业等共同努力，建立矿产资源全球供应系统，培育具有国际竞争力的矿业跨国经营队伍，形成一大批海外矿产资源基地，确保其矿产的稳定、长期和安全供应。此外，有计划、有步骤地进行资源能源储备。物资储备不仅包括石油、天然气、煤炭、铀、钢铁以及众多稀有金属，而且还包括粮食、木材、大豆、动物饲料等。1975年，日本通过了《石油储备法》，拉开了日本战略资源储备制度的序幕。根据《石油储备法》，国家、企业存储的石油必须至少分别供全国消费90天和60天。今天，日本石油、铁矿石等资源的储备量已位居世界前列，已经成为“资源储备大国”。

第四，加强再生能源及新能源技术的研发和推广普及。国内资源短缺，促使日本不断加强再生能源及新能源技术的研发和推广普及。多年来，日本一直积极开发太阳能、风能、核能等新能源，利用生物发电、垃圾发电、地热发电以及制作燃料电池作为新能源。经过多年发展，太阳能在日本已逐渐普及，很多家庭都购买了太阳能发电装置。日本已经成为世界核能大国，截至1999年年底，日本拥有核电机组52座，仅次于美国、法国，居世界第三位。核能发电量占总电力供应的36%，居世界第八位。在矿藏贫乏的稀有金属方面，日本也在进行科研攻关。一些大学已研究出不使用稀有金属也能制造一些高科技产品的新型磁性材料，即通过改变普通磁性材料的原子排列来大幅提高该材料的磁性。

日本在资源和能源方面的创造性做法还有很多。或许，依据以上的介绍和分析，我们可能会对日本的资源形成一个“全新的印象”。但更加重要的，是如何更新我们自以为是的观念，从中受到必要的启迪，解决中国自己面临的资源、能源危机。

与狼共舞的墨西哥

在墨西哥，流传着一句脍炙人口的名言："可怜的墨西哥，你离上帝那么远，离美国却这么近！"

据说，这句话出自墨西哥臭名昭著的独裁者波尔菲里奥·迪阿斯之口。然而，豁达的墨西哥人民并不因人废言。毕竟，这句话发人深省，贴切地反映了墨美关系，深切地表达了墨西哥人民的心声。

美国是墨西哥的北方邻国，而且是像狼一样的强邻。墨美之间具有3 326千米长的共同边界，两国有着数不胜数的历史恩怨，更有着剪不断理还乱的现实利益纠葛。这一历史与现实是无法选择、无法改变的事实。长期以来，如何处理与强邻美国之间的关系，是墨西哥人绕不过去、头痛不已的难题。

广袤的北美大陆曾经是印第安人自在、安详的乐园。印第安土著生于斯，长于斯，劳动于斯，辛勤地创造了别具一格、灿烂辉煌的文明。以西欧移民为主体的美国人建国之后，不仅无休止地蚕食美国印第安人赖以生存的家园，而且成为悬在墨西哥民族头顶的一把无情利剑！在1846—1848年的美墨战争中，墨西哥不幸战败，被迫签订了丧权辱国的瓜达卢佩-伊达尔戈条约，将一半国土（210多万平方公里）割让给了贪婪无耻的美国。现今的得克萨斯州、加利福尼亚州、内华达州、犹太州，以及亚利桑那州、新墨西哥州、科罗拉多州、怀俄明州的一部分，都曾是墨西哥的固有领土。这个条约大约是“世界历史上由战胜者强加给战败者的最苛刻的条约之一”，完全可以与鸦片战争后俄国、日本强加给中国的一系列不平等条约相“媲美”。就连曾参加美墨战争的美国名将格兰特也说：“这场战争乃是强大民族对弱小民族进行的最不正义的战争之一。”此后，美国又“不甘寂寞”，多次武装干涉墨西哥：1914年，美国以维护安全为由，占领维拉克鲁斯港6个月；1916年，美国以追捕农民领袖潘乔·维亚为由，入侵墨西哥11个月……这些残暴的侵略战争，特别是大片国土的沦丧，成为墨西哥人民心中永远的屈辱和伤痛！在我们访墨期间，不少政治精英和学者都曾提及领土沦丧，表现出一种难以言传的无奈、遗憾和愤懑。

或许人们可以择邻而居，但国土无法挪位，邻国无法选择。美国作为墨西哥的强邻，曾经，并且一直对墨西哥的国土安全构成威胁，对墨经济、政治、社会、文化等产生着难以估量的影响。墨西哥既无法摆脱山水相连的美国，日复一日，甚至越来越离不开美国！

墨西哥与美国为邻，人员来往和经贸关系非常密切，墨西哥经济对美国的依赖非同寻常。自1942年两国签订美国市场向墨西哥开放的贸易协定和允许墨劳工到美国铁路和农场工作的移民劳工协议以来，特别是，自1994年建立北美自由贸易区以来，墨西哥与美国的经济关系日渐加深，以至于墨西哥经济几乎全方位地依赖美国，丧失了经济的独立性。多年来，美国一直雄居墨西哥第一大贸易伙伴国、第一大出口目的地、第一大进口来源国、第一大投资来源国的地位。据墨西哥国家统计局（INEGI）的数据显示，2013年，墨外贸总额为7 613. 99亿美元，其中进口额3 812. 10亿美元，出口3 801. 89亿美元。墨美双边贸易额约为4 867. 90亿美元，占墨当年对外贸易总额的63. 9%，其中墨自美进口1 872. 62亿美元，对美出口2 995. 28亿美元，分别占墨当年进、出口总额的49. 1%和78. 7%。墨西哥的主要经济部门，如石油行业、制造业、出口加工业、纺织服装业等，均主要面向美国市场。也正是在2013年，中国超过墨西哥传统贸易伙伴加拿大，成为墨第二大贸易伙伴国（第四大出口目的地和第二大进口来源国）。但据墨方统计，2013年中墨双边贸易额仅为677. 89亿美元，占墨外贸总额的8. 9%，其中墨对华出口64. 67亿美元，自华进口613. 21亿美元。从墨美、墨中双边贸易额的巨大差距，特别是墨西哥对美国市场的全方位依赖，可以看到墨西哥与美国经济“剪不断、理还乱”的复杂关系。人们完全可以说，“美国经济打个喷嚏，墨西哥经济就会感冒”！

具体一些说，墨西哥经济对美国的深层次依赖，可以从旅游业典型地呈现出来。墨西哥是美洲大陆印第安人古老文明的中心之一，是拉丁美洲首屈一指的旅游大国，旅游业提供的就业岗位占全国就业总数的14.2%。墨西哥拥有层次分明的国土，拥有漫长曲折的海岸线，自然环境得天独厚，从白雪皑皑的高山、风景秀丽的原野、绿树成荫的山丘，到绵延数千公里的海滨美景、小岛风光，应有尽有，美不胜收。特别是，当美、加步入严冬之时，地处热带、亚热带的墨西哥依然温暖如春，对北美近邻具有非同寻常的吸引力。同时，墨西哥又是西半球著名的文明古国，拥有联合国教科文组织认可登记的“人类文化与自然遗产”31处，仅次于意、西、中、德、法，世界排名雄居第六。古代印第安人创造的奥尔梅克文化、玛雅文化、托尔特克文化、阿兹特克文化等，在西班牙长达三个世纪的殖民时期创造的宗教文化（以星罗棋布的教堂为代表的建筑、艺术等），以及墨西哥的传统风俗（如令人热血沸腾的斗牛表演）、独立后所创造的现代文化（以墨西哥国立自治大学为代表），都如磁石一般吸引着游人，令到访者叹为观止，流连忘返。可是，长期以来，墨西哥游客的来源却比较单一，其中九成来自美国和加拿大。其实，旅游业相对不易受他国控制，比较容易向全球拓展，这种现象显然是不正常的。而对北美客源的过分依赖，在相当程度上塑造了墨西哥的

著名的墨西哥日月金字塔　　崔宝林 摄

旅游业，造成了墨西哥旅游业畸形、不太正常的现状。

笼罩在庞然大物美国的阴影里，墨西哥的政治也深受美国的影响。美国着力输出的“自由、民主、平等、人权”等，已经成为墨西哥深入人心的政治理念。1824年，墨西哥颁布了独立后第一部资产阶级宪法。1917年2月5日，颁布了强化国家与政府权力的《墨西哥合众国宪法》。该宪法于同年5月1日起生效并执行至今，后来曾进行过近200次修改。根据该宪法，墨西哥为总统制联邦共和国，仿照美国采用立法、行政和司法三权分立制度。总统由直接普选产生，任期6年，终身不得再任。总统是国家元首和政府首脑，执掌国家最高行政权。类似美国的参众两院组成的联邦议会是国家立法机构，其主要职权有：批准条约及总统关于法院、财政、外交、军队高级官员任命；修改宪法；批准总统出访；必要时任命临时总统等。参议院共128名议员，由31个州和联邦区各4名组成，任期6年。众议院共500名议员，其中300席通过多数票选举产生，200席按政党比例代表制产生，任期3年。内阁是政府行政机构，由总统直接领导。墨西哥各州制定本州宪法，但州政府的权力受国家根本法约束。从以上政治架构，不难看出墨西哥对美国政体的实质性“仿制”。多年来，尽管美国为了自己“后院”的稳定，对墨西哥采取了相对温和的特殊政策，如容忍墨西哥一党长期执政（革命制度党从1929年至2000年连续执政了71年），在墨西哥陷入经济危机时及时提供援助，但是，美国却从来没有放松对墨西哥的控制。多年来，美国一直警惕地注视着墨西哥的一举一动，防止这位近邻产生“二心”，做出不愿看到的事来。关于这一点，从美国驻墨西哥大使馆一万多人的庞大规模就可见一斑。

墨西哥社会受美国的影响之广之深，难以简单描述。不仅墨西哥经济、政治与美国息息相关，而且民众对美国的感情十分复杂，羡慕嫉妒恨兼而有之。至于面向美国的走私、贩毒、绑架、抢夺等，更是层出不穷，相关的黑社会组织相互勾连，狼狈为奸，对墨西哥社会造成了极大危害。由于与发达、“先进”的美国为邻，由于经济发展和生活水平的巨大差异，墨西哥人成群结队蜂拥地“流”进美国。美墨漫长的边境线是世界上最繁忙的边界，每年约有3.5亿人次从这里合法过境，平均每天高达95万人。同时，美墨边界也是世界上非法越境人数最多的地方，每天的越境人数无法统计。为了防止非法移民入境，美国不惜重金，在边境线的很多地段构筑了高墙，设置了钢丝网，配备了直升机、巡逻车、人体感应器、探照灯、夜视仪等，然而，冒险逾越者仍如过江之鲫，防不胜防，络绎不绝。因逾越边境而不幸丧生者，每年多达数十乃至数百人。耸立在美墨边界上的高墙，如同当年东西德之间的“柏林墙”一样，真实地表征着发展中国家与发达国家之间的鸿沟，或者南北世界之间的鸿沟。今天，生活在

美国墨西哥之间漫长的边境墙

美国的墨西哥人及后裔约3 800万人，非法移民高达1 000万人。每年从美国汇来的侨汇达220亿美元，约占墨西哥GDP的3%，是墨西哥仅次于石油收入的第二大外汇来源。

墨西哥作为文明古国，传统文化悠久灿烂，为人类留下了多样、不朽的文化遗产。但自美国崛起以来，特别是在全球化进程中，美墨交往日益频繁、深入，墨西哥文化也受到了美国全方位、深层次的影响。美国的各种政治理念、学术理论、社会思潮在墨西哥的传播既快，又深入。许多官员、学者“言必称美国”，动辄引用美国政客们耸人听闻的言论，以及学术界新近提出的时髦观点。好莱坞大片常年占据着墨西哥的电影市场，电视上更是充斥着美国各种各样的电视连续剧。美国以可口可乐、麦当劳等为代表的快餐文化，对墨西哥传统的悠闲的生活方式造成了明显冲击。当人们到过美国、加拿大和墨西哥后，“北美一体化”难免成为人们心中挥之不去的印象。

不过，墨西哥毕竟是一个具有悠久历史文化、具有强烈民族自尊心和自豪感的国家。虽然处在美国的阴影下，不能不受到美国的影响，但是，墨西哥人民并不屈服，不放弃抵抗，不放弃自己的独立自主立场。近几十年来，墨西哥政治精英们的民族意识日益觉醒，自主行动也渐成趋势。虽然不得不“与狼共舞”，注重保持与美国的良好关系，竭力将与美国毗邻的好处最大化，但同时，墨西哥坚定奉行独立自主的外交政策，坚决主张维护国家主权与独立，尊重民族自决权及对外关系多元化，不干涉他国内政，和平解决争端等原则，表现出明显有别于美国的独立立场。例如，1954年，墨西哥谴责美国中央情报局策划推翻危地马拉阿本斯政府、入侵危地马拉；1962年，墨西哥在美洲国家组织内采取与其他成员国不同的立场，反对制裁古巴，拒绝与古巴断交，成为当时唯一与古巴保持外交关系的拉美国家。在当今全球化时代，作为拉美新兴大国，墨西哥正试图摆脱美国无所不在的“阴影”，通过改革转变经济和社会发展模式，以自主的姿态拓展全方位的外交关系，积极改善民生和参与国际事务。今天，墨西哥不仅经济稳步发展，民生持续改善，民族自尊心不断增强，而且以积极的姿态参与国际事务，取得的成就令世人瞩目。墨西哥目前已经是20国集团、北美自由贸易区、亚太经合组织、经济合作与发展组织、美洲国家组织、里约集团等组织成员国和不结盟运动观察员，已经成长为国际事务中的一支不可忽视的力量。我们完全有理由期待，墨西哥未来将高扬自己的“主体性”，昂首屹立在中美洲，以其特有的风格为人类文明作出新的贡献。

生死与幸福

人生，自一个人呱呱坠地而始。可每一个人来到这个世界，都是那么的偶然，那么的匆忙。根本没有来得及准备，人生便已经扬帆起航。

生命只有一次。一个人如何“用掉”这一生，绝对是一个严肃的问题。而且，这个问题只允许回答一次，不可能给你修改的机会，更不可能让你从头再来。

人生由生命中有限的日子构成。这其中的每一天，我们都可以虚掷，也可以倍加珍惜。而对待每一天的态度，往往决定一个人能走多远，决定一个人生命的品位和价值。

构成一个人生命的，是恒速流逝的时间。时间不是用来消极“打发”的，而是用来主动“书写”的。至于“书写”什么，如何“书写”，每一个人可以有不同的偏好，不同的选择。

人生之路有太多的岔路口，通往不尽相同的方向。在每一个岔路口，如何进行评价，选择往哪儿去，将决定此后人生的况味和价值。许多人生的悲喜剧，便是因为当初走上了一条岔路。

人，生而自由。任何人的人生都是自己的。虽然随波逐流不可取，但也没有必要听从“人生导师”喋喋不休的教导。为了“活出自我”，评价与抉择的权力，还是应该掌握在自己手里，自作主张。

人生中有许多诱惑，有许多值得追求的价值。亲情、友情、爱情，权力、金钱、地位，富足、健康、平安，惬意、快乐、幸福……虽然它们并不总是冲突，但将生命的重心投注在哪个方向，人生之路上就可能呈现出与之对应的风景。

在人的一生中，真正紧要的时刻并不多。把握好了，便可能拨云见日，令人生洒满阳光；把握不住，则可能长时间原地踏步，甚至如逆水行舟，不进则退。

人的一生中，迷途是常有的事。关键在于，不能丧失反思和批判精神，执迷不悟，一条道走到黑，将一生的时光浪费殆尽。

迷途知返，浪子回头，自古称之为“金不换”！

人生苦短，并非什么事情都值得尝试。需要遵循的原则是：将时间分配给最有价值的人，最有价值的事。至于其他的一切，就顺其自然吧！

人生一定要有梦。有梦才有方向，有梦才有目标，有梦才会坚持，有梦才能百折不挠。一个连梦都不做的人，“睡”得实在太“死”了！

人生是“做”出来的。有一些事，什么时候开始都不算晚。如果只是感叹韶华易逝，红颜易老，一直不去行动，事情就注定做不成了，人生也就难免被耽误了。

一生之中，总有些事情是做不完的。没有理由对此悲观，没有必要为此难过，也没有必要为此纠结，更不能以此为由，干脆就不去做了。生命的意义往往在于奋斗的过程。

遗憾、悲伤都是人生的一部分。如果遗憾、悲伤的事发生了，就将这一页尽快翻过去吧！如果像祥林嫂一样，困在里面永远不出来，那一生就只能与遗憾、悲伤相伴了。

失败也是人生的一部分。任何人都不可能不经历失败。成功的意义是由失败所赋予的。如果没有失败，根本就无所谓成功。即使有，成功又有什么意义呢？它一定是索然无味的。

失败并不可怕。失败及其过程，本身就是宝贵的人生阅历。如果可能，人生中不妨多多地尝试，哪怕多付出一些失败的代价。因为，随之而来的成功，可能更有价值，更令人珍惜。

一个人可以失败，但绝不可以被打倒。失败了，完全可以重整旗鼓，从头再来。如果被彻底打倒了，万念俱灰，斗志全无，就像一条被打断了脊梁的狗，那就没有尝试的热情了，那就没有成功的希望了。

人生的尽头是死亡。任何人都难逃一死，这是无法改变的自然铁律。但人不应该就此悲观、沉沦，不能消极地等待死亡的降临，而应该“向死而生”，努力将有限的生命活出精彩，活出意义。

“死”对应于“生”，它的意义常常为人所忽略。如果没有死亡，生命便漫长得像块石头，没有少年、青年、中年、老年之类区分，没有青涩、成熟、世故、麻木之类不同……如果那样，真不知道活着还有什么意义。

死亡和生命一样，是每一个人与生俱来的宿命。如果不能正确认识死亡，人生就会一直笼罩在死亡的阴影之中，死亡就会成为人生如影随形的沉重包袱，人生便可能陷入恐惧之中，了无生趣。

生命不息，便应该打起精神，好好工作，好好生活。在死亡到来之前，人不能只是简单地“活着”，满足于一种“未死”的状态。“等死”，这是一种多么萧条、可怜、无趣的活法啊！

人的死亡有两种层次，一种是肉体生命的终结，另一种则是精神生命的死亡。肉体生命的终结是自然规律，无法拒绝，无法避免，但是，人的精神生命是可以长青的，是可以延续的，甚至可能“永垂不朽”。

立德、立功、立言，是古之所谓“三不朽”。这一切，延续的主要是人的精神生命，实现的都是人的精神价值。这即是说，无论人生如何辉煌，必有终结的一天，但“精神可以不死”。

我们不知道，今天那些名垂青史的人，活着时是否都很快乐、幸福？但我们知道，其中有一些，确曾历经坎坷，历经磨难，甚至忍受过常人难以承受的屈辱。历史理应向他们的矢志不渝和忍辱负重致敬！

欧文说："人类的一切努力的目的在于获得幸福。"幸福感是衡量人生的唯一标准，是所有人生价值的最终目标。与幸福绝缘的人生是悲惨的、没有意义的，这样的人生几乎是不值得过的。

幸福是深奥且神秘的。它是一个"变数"，依赖许多因素，可能随着个人体验、感受、心境的不同而变化，而且有趣的是，这种变化并不与欲望、权力、金钱、享乐等成正比。

幸福是一种复杂的、综合性的感觉。它不只是一种具体的、有限的个人情绪的满足与快感，而是人们对现实生活的一种总体满意度，以及对生命质量的一种全面评价。因此，快乐可以是具体的，而幸福总是弥漫全身心。

快乐并不一定意味着幸福。有些人在什么情况下都是可以寻欢作乐的！例如，那种百无聊赖、放浪形骸式的快乐，那种建立在别人痛苦之上的快乐，那种"商女不知亡国恨"式的快乐……与幸福相去何其远矣！

建立在物质欲求之上的幸福往往难以持久。如果不幸丧失了财富，那么幸福感可能会马上烟消云散。即使幸运地一直富有，奢侈享受，一个人也可能会麻木，甚至可能会厌倦。

幸福并不一定非“得”不可。它有时倒似一种给予，一种无私的不求回报的奉献，像父母对子女的无私关爱，似恋人间的切切真情，如朋友之间的诚挚友谊……在这类情形中，患得患失，锱铢必较，反而是与幸福无缘的。

“送人玫瑰，手留余香。”撇开社会环境，撇开他人，抽象地谈论个人的幸福，实际上是没有意义的。只有在追寻自己幸福的人生，实现自我价值时，兼顾各方面利益，妥善处理个体与整体、局部与全部、眼前与长远的关系，将个人幸福和社会幸福辩证地统一起来，才能真正实现个人的幸福。

幸福的开关掌握在每一个人自己手中。它往往不能由别人为你妥当安排。倾国之权或许能够照顾子孙，给予特权，亿万富翁或许能够在物质上满足子孙，生活无虑，却难以令子孙真正“站起来”，人格挺拔，精神安宁，富贵绵绵，永荫幸福的余泽。

劳动是幸福的源泉。俗语云：“幸福不会从天而降。”真正的幸福，就蕴藏在劳动的过程中：它需要你用心地争取，需要你不懈地奋斗，需要你自主地创造！

幸福并不神秘，并不遥远，它就在你此时的生活之中！依据现时的牺牲奢望“老来福”，不一定靠得住，不一定等得到。用此生的苦难交换来世的福报，也只能是一种自欺欺人的安慰，从来就没有什么机制予以保证。

幸福与其说是人生中的一种状态，倒不如说是一种态度或能力，就看一个人如何顺应时代发展的潮流，立足自身的利益和需要，把自己的生活创造成一种有意义的生活，并实实在在地欣赏它、享受它。

说不尽的钱

自打有了钱，芸芸众生及其生活就变得很不一样了。钱，不仅成了人们处心积虑、苦苦追逐的对象，而且，在一些人的生活里，成了喜怒哀乐忧惊惧之源，成了人生的目标甚至“主宰”。所谓“人为财死，鸟为食亡”，所谓“见钱不抓，不是行家”，所谓“有钱能使鬼推磨”，所谓“有奶就是娘”，所谓“人生价值要以‘含金量’来衡量”……尽管话说得有些刺耳，有些耸人听闻，却不遂某些人之愿，类似说法居然不绝于耳。这里的每一个说法，或许，都有大量的人生悲喜剧加以诠释。

平心而论，作为“一般等价物”，作为一定范围通行的货币，钱确实是“有用”的，是值得追求的“好东西”。无论过去，还是现在，金钱都意味着劳动报偿，意味着物质财富，意味着购买力，意味着舒适、方便的生活……在某些人眼里，或者在某些情况下，钱甚至意味着权力（比如老板的“话语权”；况且，权钱交易并不罕见吧？），意味着地位（不妨想一想资本的“逻辑”，想一想各类富豪榜！），意味着名誉（想一想慈善排名榜！想一想捐赠后的命名权！），意味着“勇气”和胆量（如有钱撑腰、腰杆子“硬”的人，甚至不仅仅只是嘴上有气魄！）……即使是为国为民干事业，心忧天下做公益（比如环保、慈善），诚实劳动过日子，“没有钱也是万万不能的”。有时候，“一分钱难倒英雄汉”。如果大英雄的兜里没有钱，也可能步履维艰，甚至寸步难行。翻检历史，我们不难发现，世界上有许多缺钱的正人君子英雄气短，有许多善良之辈为了钱摧眉折腰……正因为如此，世人对钱热爱、尊重有加，呼之曰“孔方兄”。每逢除夕吃过团圆饭后，长辈们要给儿孙“压岁钱”，以此压服邪魔，祈望平安，这已经成为中国的一种重要的民俗。

同时，也正是钱这个东西，自古以来就名声欠佳，被人们视为“俗物”“阿堵”“阿物儿”，视为“祸水”“恶魔”“洪水猛兽”……所谓“君子喻于义，小人喻于利”，所谓“君子怀德，小人怀土”，所谓“富贵如浮云，金钱如粪土”，等等，就能说明不少问题。平心而论，钱也确实能够与许多坏人坏事扯上关系，过去和现在都不缺乏这方面的实例。没准儿，正直善良的您也曾经为钱生过气，或者受过钱的气——直白些说，受过一些有钱人的气。有人说，钱会腐蚀人，使人“掉进钱眼儿里”，心术不正，腐化堕落；有人说，钱使社会变质，令个人主义、拜金主义、享乐主义泛滥。好人不幸失了足，坏人干了缺德事，全都义愤填膺，振振有词，说是该死的钱将其害惨了。更有一些人，把某些情形下的钱，或者某些人拥有的钱，大义凛然、慷慨激昂地咒骂为“臭钱”“赃钱”……

同样是钱这么个东西，匪夷所思，却有这么多截然对立、水火不容的看法。也正是由于这些对立的观念，几千年来，一些人对钱百思不得其解，备受煎熬和折磨。人们想钱而又怕钱，想挣钱又怕担风险，有了钱又怕失去钱，钱多了心里也不踏实……有的人为了保住自己的钱袋，既不敢声张，又不敢消费，甚至整天提心吊胆，害怕有人算计他的钱；有的人又走向另一个极端，一旦有了钱，就忘乎所以，挥金如土，胡乱折腾，为非作歹……有钱没钱的、先富未富的，都被钱搅得六神无主、疯疯癫癫、寝食不安、无所适从……

为什么钱具有如此神奇的魔力，让人困惑让人怕？让人欢喜让人忧？

恐怕，事情本没有那么复杂，那么费解。或许，我们真正缺乏的，只是立足人自身的理智的思考。

实际上，钱一点儿也不神秘。它完全是一种“人造物”，和世间万物并没有什么本质区别，只不过与历史上的贝壳、小麦、羊等一样，充当了“一般等价物”的角色。如果我们“站起来”冷静地思考，那么不难发现，钱并不可怕，可怕的是人们对于钱的贪得无厌，取之无道；钱也并不肮脏，肮脏的是人们花钱使坏，胡作非为；钱亦并不万能，诸如青春、健康、人格、尊严、声誉、智慧、知识、爱情、友谊等，凡是不能作价的东西，钱都没有办法买来。甚至，钱既不可爱，也不可憎，真正可爱与可憎的，是藏在钱背后的那个（些）人！

倘若我们如此这般地想一想，或许就能够拨开迷雾，豁然开朗。毕竟，我们不难看到，有人花钱做了善事，受赞扬的永远是人，而不是人所拥有的钱；而有人为了钱，或者花钱，干了缺德、违法的勾当，我们有什么理由是非不分，非要恨恨地株连钱呢？至于“臭钱”“赃钱”之类说法，往往只能让人怀疑，有些人自己不太正常，或者自己的感官不太正常。因为，他站立的位置不对，他头脑中的观念不对，他的感官也不灵敏，他分辨不出诸如臭气之类，究竟是来自人，还是来自钱……

因此，完全有必要重申“以人为本”，将思考的出发点和重心落实到人自身。实际上，人，具体的活生生的人，才是钱的幕后主人！一切有关钱的悲喜剧，都是关于人自身的人生大戏。人，具体的活生生的人，才是金钱问题的实质和核心。从人出发，以人为本，在市场经济背景下，无疑应该想方设法谋发展，尽一切可能多多挣钱，同时，还应该堂堂正正对待钱，正常消费享受花钱，尽一切可能提升人们的生活品质。而真正要用心提防的，是整个人“掉进钱眼里”了，除了将自己的生活弄得一团糟之外，还“污染”周边的环境，将包括亲朋好友的世界也搅得乌烟瘴气，让大家都不得安宁。

财富与幸福感

罗素是20世纪最具影响力的英国哲学家、逻辑学家和文学家。1924年，罗素到访中国，来到四川。那个年代的中国，军阀割据，战乱频频，山河破碎，民不聊生。而罗素刚刚完成他的巨著《幸福论》，志得意满，意气风发，神采飞扬。他希望用自己的思想教化中国人，引导中国人摆脱无边的苦难，昂首走上一条幸福之路。

当时正值酷暑，四川的天气闷热异常。罗素在几个人陪同下，坐着那种两人抬的竹轿上峨眉山观光。山路非常陡峭、险峻，普通人就是空手行走，也会觉得辛苦异常，轿夫们抬着人攀登，自然累得气喘吁吁，大汗淋漓。罗素见了此情此景，一时间没有了观光的心情，而是认真地观察和揣摩起几位轿夫来。他心里暗暗地想，轿夫们一定恨死他们这些坐轿人了，如此闷热的天气，还要他们抬着上山。他们甚至可能心里叹息，为什么自己是抬轿子的人，而不是坐轿子的人？

罗素正想着，来到了山腰的一个小平台。陪同的人让轿夫们

著名英国哲学家罗素

停下来休息。罗素下了竹轿，悄悄地观察轿夫们的表情。只见几位轿夫坐成一排，一边抽烟，一边说笑。他们兴高采烈地讲着一些开心的事情，丝毫没有抱怨天气和坐轿人的意思，更没有对自己的命运感到悲苦的情绪。他们饶有趣味地给罗素讲自己家乡的笑话，好奇地向罗素打听一些国外的事情。有位轿夫一时兴起，“班门弄斧”，非要出一道智力题，考考这位著名的哲学家、逻辑学家。他的题目是这样的：“你能用11画，写出两个中国人的名字吗？”罗素想不出来，只好承认做不到。轿夫们见状，哈哈大笑，然而告诉罗素答案：“王一、王二！”在交谈的过程中，他们不时爆发出快活的笑声，满脸乐观、知足的表情。

罗素见了此情此景，完全没有了当初教化中国人的心情，心里反而陡生惭愧和自责：我凭什么去宽慰他们？我凭什么觉得他们不幸福？我又有什么资格教导他们？后来，在《中国人的性格》一文中，罗素谈到了这件事。他通过反躬自省，得出了一个著名的观点：用自以为是的眼光看待别人的幸福或苦痛是错误的！

在现实生活中，不少人都可能遭遇过类似的情形，但这样的情形在哲人那里却意味深长。它颠覆了人们的传统“常识”，透露出一些深刻的哲理：坐轿子的人未必是幸福的，抬轿子的人未必不幸福。幸福与人们所处的位置高低，与人们占有的物质财富多少，与人们的收入状况如何，与人们的生活水平高低，似乎并不是直接关联、正向互动的。就像有位哲人曾经追问过的，位高权重、但战战兢兢度日的国王，一定比身无分文、但无忧无虑的乞丐幸福吗？问题的答案恐怕不会像有些人想象的那么简单。

实际上，幸福与物质、财富、收入、贫困之类的关系是异常复杂的，值得人们深刻反思。在中外历史上，许多人也确曾认真地反思过。只不过，这个问题看似简单，实则模糊，从来就不存在什么“放之四海而皆准”的“普适法则”，不存在什么“永远颠扑不破”的“绝对真理”。

立足价值哲学的视角全面地反思幸福，反思上述问题，我们至少应该强调如下两个方面：

一方面，幸福需要以适度的经济发展为前提。真正的、全面的幸福，需要建立在一定的物质基础之上。

马克思创立了唯物史观，其中道出了一个基本却浅显的道理："正如任何动物一样，他们首先要吃、喝等等，也就是说，并不'处在'某一种关系中，而是通过活动来取得一定的外界物，从而满足自己的需要。"[①]如果没有一定的物质基础，很难谈得上幸福，物质的保障是人们生活、发展必不可少的条件；同时，物质生活也决定和影响着人们的精神生活，只有有了一定的物质保证，人们才能有时间和精力丰富其精神世界。如果一个人的温饱没有解决，每天居无定所，吃饭没有着落，生病了无钱医治，没有机会接受正常的教育，生活的环境脏乱差……那么对他而言，体会什么是幸福往往会是不切实际的天方夜谭。马克思发现，"对于一个忍饥挨饿的人来说并不存在人的食物形式……忧心忡忡的、贫穷的人对最美丽的景色都没有什么感觉"[②]。

在"极左"年代，国人曾经人为地推崇过"穷光荣""穷幸福"。当时人们可能既单纯又真诚，但按照这样的观念治国理

① 《马克思恩格斯全集》第19卷，405页，北京，人民出版社，1963。

② 《马克思恩格斯文集》第 1 卷，191~192页，北京，人民出版社，2009。

政，却实实在在地给普通大众带来了不幸。今天的中老年人大多有过短缺经济下挨饿、挨冻的经历，有过生病了无钱医治坐以待毙的痛苦，有过想读书连本书都买不起借不到的无奈……那种无助、无奈、无聊的滋味并不好受。我估计，凡是从那种苦难中跋涉过来的人，谁都不想“吃二遍苦、受二茬罪”了。毕竟，不会有多少人喜欢饿着肚子的“幸福”感觉。甚至，再也没有多少人喜欢那种“穷折腾”了。邓小平在总结社会主义建设的经验时也强调：“不讲多劳多得，不重视物质利益，对少数先进分子可以，对广大群众不行，一段时间可以，长期不行。革命精神是非常宝贵的，没有革命精神就没有革命行动。但是，革命是在物质利益的基础上产生的，如果只讲牺牲精神，不讲物质利益，那就是唯心论。”[①]一个正常社会的要义，关键在于解放生产力，发展生产力，以极为丰富的物质资料满足人们的基本需要，为人们追寻幸福生活奠定坚实的物质基础。

另一方面，虽然物质生活条件的改善和提高是人们获得幸福的重要因素，但绝对不是唯一的因素。

由于中国近代以来长期的积贫积弱，屡屡“落后挨打”，当代中国人普遍相信，富强是幸福最重要的条件，甚至是幸福的代名词。这当然情有可原。不过，辩证地看，这应该只是“部分真

① 《邓小平文选》第二卷，146页，北京，人民出版社，1994。

理”。随着经济不断高速发展，生活水平不断改善，人们越来越认识到，虽然物质生活条件的改善和提高是获得幸福的重要因素，但绝不是唯一的因素。甚至可以说，财富的增长并不一定总是能提高人们的幸福感。一般而言，富裕国家的人们确实比贫穷国家的人们更幸福一些，但一旦基本生活需要得以满足，衣食住行问题基本解决，更多的钱财能否给人们带来更多的幸福，那可能就不是铁定的事啦！

2001年5月19日，美国《纽约时报》上刊载了一则耐人寻味的报道：“50年来，美国的富有程度已大大提高。普通人都能够支付第二辆汽车、飞越大洋的机票和在家里播放的电影设备等费用。这些东西，在二战前只有富人才能买得起。平均来看，今天的人们可以买到更好的食品，得到更好的保健，似乎也过上了更好的生活。然而，作为一个整体，美国人并不认为自己比过去快乐。事实上，一系列调查显示，30年来，美国人从某种程度上说反而比过去更不满意。因此，一句老话更能准确地反映现代生活：金钱其实买不来幸福……从1970年到1999年，美国家庭的平均收入增加了16%，而自称‘非常幸福’的人所占的比例却从36%降到29%。”

实际上，在飞速发展、日新月异的今日中国，我们也可以发现类似的现象。近些年来，中国经济突飞猛进，GDP已经高居世界第二位。大多数人已经解决了温饱，很多人还实现了小康，一部分人已经“先富起来”，生活水平蒸蒸日上。在世界各国的旅游胜地，到处都是讲汉语的同胞，奢侈品商店里，国人的购买力频频令世界震惊。然而，今天的中国人感觉幸福吗？或者说，比过去未发展时更加幸福吗？幸福感一直在稳步上升吗？……恐怕很多人都不会简单地回答“是”。至少，我们不难发现，相比过去，不少人对社会更加不满，对生活更加失望，对未来更加没有信心。家庭离婚与解体率、抑郁症发病率、自杀率不断攀升，屡创新纪录……似乎就很能够说明问题。

有心人还发现，在特定条件下，幸福甚至会随着财富的增加而不断减少。比较常见的，是普通的兄弟、朋友的经历：当大家都困顿、潦倒时，兄弟、朋友往往相互信任，相互扶持，肝胆相照，其乐融融，倒是有朝一日赚钱了，发达了，却可能慢慢疏远起来，甚至为了一点小利相互猜忌，尔虞我诈，反目成仇。比较特殊的，是一些贪官的宿命：“公仆”们不择手段地聚敛钱财，伴随其个人财富的急剧膨胀，其罪恶也不可避免地增加，到头来难免受到法律的严惩，最终导致身败名裂。即使丑行尚未败露，但在反腐高压下，因为担心东窗事发，也是整天提心吊胆，风声鹤唳，草木皆兵。在类似的情形下，岂有幸福之理！哪有幸福可言！直面这样的情形，善良的人们应该有所警醒，有所反思。

总之，幸福是一件极其复杂的事情，它与经济发展、物质丰饶以及人们的收入水平不是一种简单的线性关系，而往往呈现为一种复杂、多元、动态的关系。对这种关系，我们的认识还很肤浅，还需要用心摸索。当然，我们也不能偏激地走向极端，认为幸福完全没有“章法”，完全没有规律可循。统计规律显示，对于年收入水平在1万美元以下的人来说，一旦收入增加，幸福感往往会随之上升；一旦收入水平突破1万美元，即基本的生活需求得到满足之后，幸福感则可能“自有主张”，不一定随着收入水平的提高而上升。这一统计规律强化了本文揭示的观点：经济发展、收入水平等是幸福的前提和基础，然而，一旦温饱问题解决之后，两者之间的相关性就会减弱，有时甚至可能完全消失。而且，在日渐富裕的当代社会，越来越多的人的认识正在发生转化，即人生的最终目的不是财富的最大化，而是幸福本身的最大化。在幸福面前，人生的其他一切都是微不足道的，万不可本末倒置，切不要误入歧途。

“官本位”与人的异化

制度文化是文化的重要组成部分，常常也是对人影响最大的一个部分。然而，它“化人”的“威力”，它可能“塑造”人的程度，有时并未引起人们的足够重视。当然，这里只要提示一句，“旧社会把人变成鬼，新社会把鬼变成人”，人们就能知晓制度在“化人”过程中的巨大作用了。

一个社会具体采取什么样的制度，往往蕴含着一定的价值原则，向社会传达着一定的价值追求。中国封建宗法等级制度的历史特别悠久，长达几千年，这必然在传统文化价值观领域烙下深深的印记，并深刻地影响一代又一代中国人的思想、心理和行为。一个社会长期浸淫在这种制度中，直接后果之一便是封建主义“官本位”现象的普遍存在，以及它在社会各个层面根深蒂固，难以简单消除。

所谓“官本位”，就是以权力和获得了公共权力的人（“官”）为本位，一切服从于官级地位的价值取向和文化心理。它的表现形式既丰富，又多样：

例如，长期奉行“官本位”，可能导致一个社会形成单一行政化的社会体制。为了便于高度集权、实行自上而下的统一管理，往往将社会上的一切都纳入国家行政系统的体制结构：将所有的人、所有的组织和部门，都分别归入行政序列，规定其等级，划分其权限，并最终服从统一的行政控制。对于所有人来说，这意味着他们的身份只有“已入仕”“未入仕”和“待入仕”的差别。

又如，长期奉行“官本位”，可能形成个人权力至上的局面。在单一行政化的社会体制中，社会不是通过法理、规则和秩序来治理的，而是听凭“长官意志”随时决定。在这种高度集权的体制中，规则和程序常常可以因人而异。一事当前，各级官员个人的素质如何，品德如何，甚至于性格如何，心情如何，往往具有重要的、甚至决定性的作用。概而言之，整个社会实行的不是现代社会通行的“法治”，而是典型的因人而异的“人治”。

再如，长期奉行“官本位”，可能强化自上而下的单向隶属关系。在金字塔形的权力结构中，等级森严，秩序分明，不过，官员之间的分工并不意味着相应的权力与相应的责任达到统一，相反，他们的“级别”具有更为实质性的意义：“用人权是最大的权力”——管人比干事更有力。上下级之间不是针对做事而形成的双向、合理运行关系，而是下级完全隶属于上级，一切听命于上级，“官大一级压死人”。对于下级官员来说，一切只对能决定其个人前途和命运的上级官员负责。官员们的前途命运如何，并不是取决于他们的综合素质如何，工作态度如何，工作业绩如何，而是取决于他们与其他人（上级官员）之间的“关系”如何，能否得到其赏识。许多时候，这甚至成为决定仕途命运的“第一要素”，人们见怪不怪。

当然，封建主义“官本位”的具体表现远不止于此。观察中国社会不难发现，“官本位”并非只存在于“官场”，甚至在民间社会，它也有广泛的表现和巨大的影响，诸如“副部级大学”“厅局级寺庙”“正处级和尚”……可为佐证。因此，“官本位”并不是一个空洞的观念，它早已深入社会的各个领域、各个层面，深入了广大民众的心底里。在实际社会生活中，它是各种具体权益、地位和荣誉的分配原则和分配秩序，对于广大民众具有普遍的诱惑力。在历史和现实中，我们不难找出大量的求官“成瘾”、甚至变态疯狂的实例。如果我们勇敢地解剖一下自己，是否在内心深处也存在一定的做官情结，恐怕没有多少人——包括那些平时大声痛斥官本位的人，当然也包括我自己——能够肯定地明确地说“不”。

历史发展到今天，虽然人们越来越认同“民主”“法治”的价值，但人们对“官本位”的追求仍然热烈有加，有时甚至呈现出变本加厉之势。且不说人们对官场心驰神往（持续的“国考热”可为明证），将做（更大的）官作为自己的“事业”，对于“入仕”和职位的升迁重视有加，甚至“跑官”“要官”“买官”“卖官”也屡禁不止。至于将企业、学校、科研单位、NGO、群众团体，乃至公园、寺庙等非行政系列的部门加封行政级别（部、局、处、科级等），也是司空见惯，堂而皇之。虽然近年来企业、高校、科研单位等“去行政化”的呼声一浪高过一浪，但总是“雷声大，雨点小”，进程颇为艰难。实际上，许多当事人不仅对相关的质疑不以为然，而且还感到当然和荣幸，乐此不疲，更遑论坚决加以抵制了。若是普通百姓弄清楚了，自己身边有多少省部级、司局级、县处级和乡科级机构，又有多少相应的省（部）长、司（局）长、县（处）长和科（乡）长，恐怕大多都会吓一跳的。而如此庞大的一个群体长期生活在我们身边，“行官势，摆官腔，打官话”（鲁迅语），自然而然就会形成一种舆论环境，一种社会“趋势”。

从历史上看，“官本位”的产生和存在并不是偶然的。马克思说过：“归根到底，小农的政治影响表现为行政权支配社会。”①在以自给自足的小农经济为主导的社会形态中，“官本位”有其社会基础和一定的合理性。然而，它仅仅是在一定时期、一定层面上难以避免的，并不是永远合理、并且永远要存在的。今天之所以有许多人认为它是合理的，并不是因为它本身合

① 《马克思恩格斯选集》第1卷，678页，北京，人民出版社，1995。

理，而是经过长期的、人为的普遍化加强，并渗透到人们的思想深处之后，人们已经“习惯”了，从而不假思索地以为它合理。这样的合理很容易成为一种“恶的文化”和不良传统，给社会发展和人的进步造成严重的扭曲。因此，认真反思、充分揭露“官本位”的危害是我们面临的一门“必修课”。

究其实质，封建主义“官本位”仍然是一种“人本位”。当然，它是一种扭曲、异化了的人本位。也就是说，它不是以全体人民或大多数人为本位，也不是以每一个具体的历史的人为本位，而是仅仅以人的某个方面（执掌公共权力）为本位，因而实际上是一种“权本位”。权力，原本是人们依据一定的“契约”“让渡”出来、实现自己目的的一种手段；然而在历史长河中，在特定的情况下，它却成了“目的”本身，而人自己则不知不觉地变成了它的手段。这必然造成“入仕”者人格分裂、扭曲，导致价值观混乱、颠倒之类的后果。这种根本上的扭曲、颠倒即是“异化”——人彻底地否定了自己，外在的权力成了人自己的主宰。

封建主义“官本位”的致命缺陷，在于它是一种单纯地崇拜权力、服从权力的制度，自身缺少有效地对权力进行制约、监督和检验的机制，并且，几乎不可能自动形成这样的机制。因为，它最终只能靠上对下的“人治”管理，这种管理一般取决于少数为官者的素质和修养，而相关群体、社会大众则难以普遍、有效地参与进来。当然，也不是完全没有来自社会的监督，只是“参与”的途径有限，参与的效果没有保障。因此，“官本位”作为“绝对的权力”，自身缺乏足够的反省和纠错机制，因而也就无法避免“绝对的腐败”。历史或许并不讨人喜欢，但确实已经反复证明了这一点。

长期奉行封建主义“官本位”的一个必然结果，是“公权私化”。“公权私化”是一切官吏腐败的共同根源，也是其典型表现和特征。“公权私化”在官场上造成以权力为中心的人身依附关系。在这一体制中，人们从盲目地崇拜权力、追求权力，到走向崇拜和追求一定的有权势的个人，即掌管权力的个人。这个人往往掌握着官场的“游戏规则”，掌握着下属的升迁、沉浮和命运。掌管权力的个人往往运用权力，使其他人依附于自己（成为“谁的人”），使自己凭借权力而成为“公家的化身”，私意而有公名，公权而被私化。“一朝权在手，便把令来行”就是这种现象的具体表现。至此，国家的前途、民族的命运，以及一切公共利益，都可能成为虚假的符号，只有当权者个人的利益和意志，才是他们真实的关注所在。

长期奉行封建主义“官本位”还有一个“副产品”，即官场上通行的各种“潜规则”，包括形式主义，以及各种各样的变态、堕落和腐败现象，难免进一步推向相对淳朴的民间社会，不断“污染”民间社会。例如，时至今日，各种NGO组织是不是也热衷于封官加爵？是不是也习惯用行政化方式办事（例如，是不是喜欢动辄“开会”）？是不是也依样建立一定的等级秩序？……普遍、长期、反复强化的结果，限制了人们的个性化、多样化生活的发展，导致了各种“官场病”。而且，还导致“去行政化”十分艰难，导致整个社会生活的单一化，导致社会的文化价值观的贫乏化。

如果我们更深入、细致地进行分析，那么会发现，“官本位”泛滥导致的社会毒瘤还有不少，危害或许远比人们想象的深重。在当代中国建设民主政治、法治社会的进程中，通过更新观念、体制改革和廉政建设破除“官本位”，是涉及每一个人的一项艰巨的历史任务。我们每一个人都可以反躬自问：“我是否从不以做官为人生目标？”“遇事时，我是否绝不‘走后门’？”“置身官位，我能否拒绝一切特权？”……如果不能“从我做起”，破除“官本位”恐怕就不乐观，辱骂“官场病”几乎就是在“自我批评”。

劳动是幸福的源泉

幸福不是毛毛细雨，不会自己从天上掉下来。

从哲学上说，幸福不是既定的存在，不是等待的享受，而是人们现实的创造、奋斗的追求。

有一则古希腊哲学家苏格拉底论幸福的故事，颇具深意，值得人们静下心来，仔细品味。

故事的情节大致是这样的：一群精力充沛的年轻人到处寻找幸福，可折腾来折腾去，不仅没有找到幸福，反而遇到很多的烦恼、忧愁和痛苦。于是，他们向哲学家苏格拉底请教，问哲人幸福到底在哪里。苏格拉底没有直接回答他们的问题，而是对他们说："你们还是先帮我造一条船吧！"于是，这群年轻人暂时把寻找幸福的事儿放在一边，开始造船。他们找来造船的工具，用了七七四十九天，锯倒了一棵又高又大的树，挖空树心，造出了一条大型的独木船。独木船下水了，他们把苏格拉底请上船，一边合力划桨，一边齐声歌唱，快乐极了。这时，苏格拉底问他们："孩子们，你们幸福吗？"他们不假思索，齐声回答："幸福极了！”苏格拉底意味深长地说：“幸福就是这样，它往往在你为着一个明确的目标忙得无暇顾及其他的时候就突然来访。”

这个故事既不太复杂，也不太难懂。它深刻地昭示人们，世界上根本没有天造地设的“幸福”。幸福不在所谓的“天国”，不可能靠上帝的恩赐而得来；幸福也不是空洞的畅想，不可能通过冥思苦想、靠纯粹的思辨而得来；甚至，它也不是自然的“恩赐”，不能依赖他人的“施舍”，不能依赖父母的“营造”……总之，它不可能从天而降，不劳而获，坐享其成。此外，他人的幸福也不可能变成你的幸福，不管你如何强大，如何有力量，都不可能通过尔虞我诈或弱肉强食，将他人的幸福剥削、压迫和掠夺过来。幸福不在任何别的人那里，不在任何别的地方，它就在人们自己当下的火热的生活之中！人，包括现实生活中的你我他，是自身幸福的唯一创造者，也是自身幸福的唯一享受者。

当然，人们是通过自己的劳动创造开掘幸福之泉的。因为，劳动不仅为幸福的实现提供物质条件，而且，劳动创造的具体过程，本身就是一种真实的幸福体验。如果你去问问将军，他最大的幸福肯定在金戈铁马残酷厮杀的战场；如果你去问问运动健将，他最难忘的幸福往往是惊心动魄的赛场竞技；如果你去问问医生，他最得意的幸福常常是与时间赛跑“救死扶伤”；如果你去问问科学家，他深沉的幸福一定与发现（发明）的喜悦密切关联……若要获得真正的幸福，需要人们全身心地投身劳动创造活动，通过洒下智慧和汗水而收获幸福的体验。离开了人们火热的劳动创造活动，幸福就成了无源之水、无本之木。

人们追求幸福的劳动实践活动，改造了自然界和人类社会，也改造了人们自身。它不仅满足了人们的物质生活需要，同时还满足了人们的精神生活需要，提升了人们自己。不仅“劳动创造了人”，而且只有在劳动实践活动中，人们才能实现自身的价值，发展自己，达到二者的统一，使心灵空间变得充盈而温暖，真正体会到劳动创造带来的属于自己的幸福。恩格斯在《反杜林论》中指出：“通过社会化生产，不仅可能保证一切社会成员有富足的和一天比一天充裕的物质生活，而且还可能保证他们的体力和智力获得充分的自由的发展和运用。”[①]只有实现个人和社会的全面发展和进步，才能真正实现人生的幸福，并不断走上追寻新的幸福之途！

劳动创造是幸福的唯一源泉，这为人们指明了走向幸福的途径。马克思曾经精辟地指出，“劳动是人的第一需要”。确实，只有通过具体的劳动，挥洒自己的汗水，一个人才能发掘自己的潜能，不断实现自己的价值，包括自我价值和社会价值。劳动也是一定的社会正常、良性运转的基础。任何一个民族、国家，如果停止了劳动，不用太长的时间，只要几个星期就会灭亡，更不

① 《马克思恩格斯文集》第9卷，299页，北京，人民出版社，2009。

用说建设公正的社会，让人民过上幸福的生活了。

当然，具体的劳动及其目的是不尽相同的，或者说，可以分为迥然不同的类型。例如，仅仅只是为了自己生活得更好，过上“老婆孩子热炕头”的温馨小日子，从而踏踏实实辛辛苦苦地劳动；或者，为了让大家或绝大多数人过上幸福生活，从而不懈地奋斗，甚至不惜抛头颅，洒热血，牺牲生命，这之间就存在着明显的差别。前者是一种常见的情形，它至少是自食其力的，至少肩负起了家庭的责任，任何人都没有理由高高在上地指责这种行为“境界不高”；但后者是“为大家”“干大事”的，它义无反顾地超越了“小我”，将民族国家或人类社会扛在了自己的肩上，因而更加“大公无私”，更加令人感佩。圣西门曾经说：“为人类的幸福而劳动，这是多么壮丽的事业，这个目标有多么伟大！”对于那些胸怀世界、心忧天下的人来说，如果要想获得真正的幸福，就必须站在“大我”的立场上，为自己设立远大的理想，设立富有意义的目标，并不懈地为之劳动、创造，为之奋斗、牺牲。这一奋斗的历程可能是漫长而无比艰辛的，但无论成败，都会令这些理想主义者热血沸腾，真真切切地感受到价值的实现，感受到实实在在的幸福。而且，这样的奋斗从来都没有终点，从来都不会止步，因而幸福也就永远不会有终结的那一天！

后记

岁月汩汩流逝，青春随风而去。这是自然铁律，谁都没有办法。但我和大家一样，虽为凡夫俗子，仍然有些不甘心。在繁重的日常工作之余，我总是想，能不能做点自己喜欢的事情，以纪念“水土流失”的青春，以怀念一去不复返的岁月？

在我平平淡淡的生活中，思考和写作已经成为习惯。每天如果不读点书，不写一点儿什么，就感到有些空落落的，浑身不自在。许多时候，因为恼人的琐务缠身，没有完整的时间“啃大部头”，或者进行系统的写作，于是，就只能零打碎敲，“生产”一些鸡零狗碎的小东西。这个集子里的文字，不少便是在这种背景中“挤”出来的。

至于集子里涉及的内容，主要是我深藏心底的一些记忆，近年来的一些自我反省，以及有关时代和现实的一些稚拙的思考。我深深地感觉，时代的浪潮汹涌澎湃，社会的变化一日千里，曾经的自己日渐陌生，今天的生活也不是自己设计的。作为一介百无一用的穷书生，没有多少自己把握命运的机会，只能被时代的潮流推着走，被社会的架构“导”着走，无可奈何，无计可施。如果不能扯起反思的大旗，不能记下一点儿“心得”，令一切都随风而逝，无影无踪，我总觉得辜负了时代，甚至对于自己，都不能算是“负责任”。

当然，占用宝贵的社会资源，发表这些掺杂着个人隐私和个人偏见的“东西”，我一直是缺乏底气的。特别是，虽然我愿意对书中涉及的“事实”负责（当然免不了因视角、情感等不同而导致对“事实”的认定存在分歧），但哲学职业令我惯于自以为是、尖酸刻薄地“批判”，这难免又会深深地“刺痛”“得罪”人，实在令本愿与人为善的我有些惴惴不安。特别是，如果因此浪费了读者诸君的时间，又令大家毫无收获，那纯粹就是罪过了！若如此，那就该对读者诸君真诚地说一声，“对不起”！

应该说明的是，本文集中的一些文章，大多数是首次发表，但也有少数曾经接受过读者的批判。这次有幸能够集中面世，特别要感谢黑龙江出版集团的丁一平先生，黑龙江教育出版社的赵力社长和宋舒白、李绍楠等朋友，是他们不嫌拙作粗陋、散漫，赐予了一张宝贵的“出生证”。此外，李绍楠、尹江燕作为本书最早的读者，对全书的语言表达和文字进行了悉心的审改，其对本书的关爱和付出的辛劳已经不是一声谢谢所能表达的了。

因为本书的主线是我的成长，其中多次提及了我的已过世的父母，因此请允许我将这本小书献给我的母亲刘春美女士和父亲孙文森（伯炎）先生，感谢他们在身体和经济状况都极其糟糕的情况下，毅然将我带到这个纷乱、远不完满的世界，并言传身教了我一些做人做事的基本准则。飞逝的时光改变了许多东西。今天，我已经过上了他们曾经憧憬的“丰衣足食”的生活，可子欲养而亲不待，他们早已驾鹤仙去，再也无缘消受了……我，想念他们，从心底里想念他们。

孙伟平

2015年9月8日

作者简介

孙伟平，哲学博士。中国社会科学院哲学研究所研究员，研究生院哲学系教授，博士生导师；中国社会科学院社会发展研究中心主任；《世界哲学》主编、《马克思主义哲学论丛》副主编兼编辑部主任；曾任中国社会科学院哲学研究所副所长，现为中国社会科学院直属机关党委副书记；主要社会职务有中国现代文化学会副会长及文化建设与评价专业委员会会长，中国辩证唯物主义研究会副会长及价值哲学专业委员会副会长；韩国成均馆大学等校客座教授。2013年入选“百千万人才工程”国家级人选，并获“有突出贡献中青年专家”称号。

主要从事价值论、伦理学、社会历史观和文化问题研究。主持承担了包括国家社会科学基金重大项目、重点项目在内的20多项课题，主持编写年度性的中国生态城市发展报告、中国文化建设发展报告等。出版著作20多部，发表论文约300篇。

内容简介

本书是作者依据自身的成长经历，依托自身的哲学和文化素养，创作的有关学习、读书、研究、写作、游学、生活等方面的人生感悟、哲学思考。作为一位哲学学者，特别注重将人生经历与理性思考结合起来，并通俗而生动地加以表述，令人在岁月的流逝中，感受到思考的乐趣和力量。